MERCHANT BOOKS
— vol.1 —

人生も ビジネスも 流されていれば うまくいく

石原 佳史子＝著
菅 智晃＝監修

厚有出版

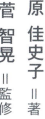

【監修者からのメッセージ】

「マーチャントブックス」創刊に寄せて

本書を手にとってくださり、ありがとうございます。マーチャントブックス創刊にあたり、監修である私、菅智晃より深くお礼を申し上げます。

マーチャントブックスでは、著者のリアルな「実体験」で得た教訓や学び、そして一歩前に踏み出してもらうために体系化した思考やテクニックをお伝えしていきます。また、読んで終わりではなく、その後は著者と会える機会があり、インターネットを通じて繋がる機会を積極的に設けることまでを含めて創刊しました。著者は、経営者の学びと交流の場として開設したマーチャントクラブに所属している「輝いている経営者たち」です。私自身、毎月多くのメンバーと直接会って話す機会があり、彼ら一人ひとりの魅力をもっと多くの人たちに知ってもらうことで、ビジネスに対する楽しさをさまざまな角度で広めていきたいと考えています。

どれだけデジタル化が進み、効率化や自動化の波が押し寄せてきても、ビジネスの要は支持してくれるお客さんや仲間であり、綺麗事抜きに人であることをこれまでの十数年のコンサルティング経験で実感しました。書籍で考え方や方法論に触れ、直接会って話を聞く、交流を積み重ねる、そしてそこに集まる仲間と共に切磋琢磨してビジネスライフを満喫するという流れは、デジタルからアナログへ逆行しているように思うかもしれません。ですが、ビジネスは人と人。デジタル化はひとつの利便性として上げられる要素にすぎず、インターネットを駆使したビジネスだとしても、対話に勝る成長はありません。

情報過多の現代においては、9割は検索エンジンから収集できますが、結果が出ない人がごまんといる背景があります。これは「方法論」だけを学んでも活かしきれないという事実を証明しています。そこで、従来のビジネス書は「誰が書いているか」という印象がさほど残りませんが、マーチャントブックスは「何が書かれているか」への興味をきっかけに、あえて著者のパーソナルな部分も含めて一冊の本にしていくことを意識しました。

私たちは、インターネットを活用したビジネスに可能性を感じて飛び込んだ者同士。著者と読者という関係ではなく、書籍をきっかけにご縁が生まれたらと思っています。そのためには全力で満足いただける内容に仕上げることが最低条件。その先の出会いをメインに据えている以上、著者も惜しみなく全力で原稿に向き合っています。本書をきっかけにビジネスで結果を出した後は、今度はあなた自身が「後に続く人たち」に向けて、書籍を通じてメッセージを投げかけるというサイクルが生まれたら、これほど嬉しいことはありません。

ビジネスの醍醐味のひとつに出会いがあります。年齢の垣根を越え、職業の壁を超えた仲間との出会いは、人生そのものを豊かにしてくれます。輝いている経営者の手法や考え方に触れることで、あなたの人生になんらかのきっかけを届けることができればと思っております。

本書を読んだ後、ぜひ著者へ一度連絡してみてください。著者と接点を持つことで、それがあなたの中でリアルへと変わります。

マーチャントブックス監修
株式会社アイマーチャント代表取締役　菅　智晃

目次

フェーズ0
はじめに

フェーズ1
人生を選ぼう

フェーズ2
ビジネスの世界へようこそ!

フェーズ3
できる人から、できる人を増やせる人に

フェーズ4
すでにスキルを持っている人へ

フェーズ5
思考からの解放

おわりに

PHASE ZERO

フェーズ 0

はじめに

燃えたい？

少し前に、ちょっと面白いことがありました。
一緒にビジネスをしている数人の人に、こう聞いたんです。

「燃えたい？」

たった、これだけ。これだけの言葉を投げかけてみました。すると、面白い結果になりました。

「燃えたいです！」

みんな、一緒。バラバラに聞いたのに。申し合わせたかのように、同じ答えでした。

こういう具体的なことがわからない質問に対しては、多くの場合、「それはどういう意味ですか？」「何に燃えたいって意味ですか？」という感じで、質問に対する質問が生まれます。でも、誰も聞かないんです。よくわからないけどとにかく、みんな燃えたがっている。面白いと思いませんか？　誰もがきっと心のどこかには、燃えたい！　そんな気持ちを持っているのかもしれません。

とはいっても、これは私が今一緒にビジネスをしている仲間たちに聞いた質問とその答え。彼らは私の会社と関連会社数社でシェアしているオフィスに集っています。みんな熱い思いを胸に、学生起業を目指していたり、近い将来独立するために学んでいたり。はたまたスキルを持っていて、それを世に広めたいと思っていたり。まだビジネスとして世の中へ提供できる種はないけれど、これから自分の力で稼ぐために、まずは基本的なビジネススキルを身につけようとしていたり。そんな彼らだからこそ、みんな「燃えたいです！」って口をそろえて答えた。これは当たり前のことだったのかもしれません。

でも、思うんです。最近の人たちはドライになったとか、ゆとりだとかさとりだとか、いろいろ言われているのだけれど、もしかしたら「もっと燃えたい！」「燃えられるもの見つけたい！」そんな熱い気持ちを抱いている人、多いんじゃないかって。

燃えたいと思うのは、年齢、性別、職業なんて関係なく、人としての本能的欲求なのかもしれないし、わざわざ取り上げてお話しするほど、特別なことではないかもしれない。

かくいう私も、もっと燃えたいんですよね。もっともっと燃えられる何かを、ずっと求めている。そして今は燃えられる大きなあることを見つけて、より一層燃え続ける日々を過ごしているところです。

とはいえ、いつもメラメラ熱血漢なのかといえば、全然そうではなく。私に会ったことがある人なら、そんな風に思わないはずです。おそらくですけど、第一印象は穏やかで人当たりが良くて、ほんわかしていると思ってくださっているはずなんですよ。いや、たぶんですけど。

一方で、私はもともと『超』がつくほどの人見知りでした。今は人見知りだったといっても、誰も信じてくれませんが。でも本当に人見知り具合がひどくて。例えば人前に立つだけで足が震える。そんな時はヒールを脱いで裸足にならないと立っていられなかったほどです。私はずっと、自分を表現するのが苦手でした。私が単に自意識過剰だったのかもしれないですが、とにかく自分が『バレる』ことが恥ずかしくて仕方がなかったんです。自分を表現することに対して苦手意識満載の面倒な奴だったわけです。

そんな私が今は、表現をしたり、伝えたりすることを仕事のひとつとしています。例えば本の執筆を通してだったり、セミナー、コンサルティング、グループコンサルティングを通してだったり。オフィスに集うみんなとたくさんの話をしたり、ランチやちょっと贅沢なディナーを食べに行ったり、一緒にみんなで旅行に行ったり。月に数度は夜中から明け方にかけてスパに行き、一緒にお風呂に入って（お風呂は女性限定だけど！）裸のお付き合いをするといった機会を通しても、表現し、伝えています。

そんな風に日々、伝え、表現することこそが、今の私の生活やビジネスそのものになっています。不思議なものです。一番苦手だと思っていた人付き合いだったのに。

ビジネスを通して、『表現』の本質に触れて、私は自分で表現が苦手だと思い込んでいただけだったと気づきました。表現することが恥ずかしいというのは、自分勝手な思い込みだったと知ったのです。

私と同じようにビジネスをしたからといって、表現に対する苦手意識を持っている人全員から、その「表現が苦手だ」という思い込みがなくなるかどうかはわかりません。でも、余計な気持ち、例えば恥ずかしいとか嫌だとか苦手だとか。そんな気持ちの陰に隠れて、「燃えたい！」とか「表現したい！」「伝えたい！」って素敵な気持ちたちが出て来られないのだとしたら、ちょっと残念ですよね。

誰の目も気にせず、自分の好きなことは好きだと言いたい。燃えたいんだから「燃えたい」って言いたいし、それを伝えたい。同じように「燃えたい」って思っている人と出会いたいし、出会った人と深い話もしてみたい。そんな風に自分の心の声に対して素直に生きていくほうが、ずっと楽だし、何より楽しい。私はそう感じています。

その一方で、燃えたい気持ちを持っているのに燃えられない人もいます。燃えたくても燃えるのが格好悪いと思っていたり、自分にはできないというあきらめの気持ちを持っていたり、めんどくさい気持ちを持ってしまっていたり。そもそも燃えたくないと思っている人もいるかもしれません。

心から燃えたくない場合はそれでいいと思うんですが、燃えたいけど燃える気持ちをどうやって持てばいいのかわからないとか、周りの目が気になったり、「燃えてどうなるの？」という疑問の気持ちが沸き起こってしまったりして、燃えたくてもその気持ちが抑制されてしまう。そんな場合はどうしたらいいのでしょうか？　その答えはシンプルです。『燃えたい時は燃える』。答えはこれに尽きるのですが、そもそもどうすれば燃えられるのかわからないから困るんですよね。

燃えたいけど、どうやって燃えればいいのかわからない場合、もしかしたら、感覚がマヒしてしまっているのかもしれません。そんな時は子どもの頃のことを思い出してみてください。燃えたいと思わなくても、何かに夢中になっていませんでしたか？　大人にはわからないような小さな遊びや、「やりたい」とふと思った小さなことだったり。やりたいと思ったことを素直にやってみる。そんな頃があなたにもきっとありましたよね？　さらにもっともっと小さな頃は、誰でもみんな泣きたい時は泣き、楽しければ笑っていたはずです。

燃えたいと思った時にすんなり燃えられなくて、「燃えるってどうするの？」と、方法がわからなくなっている人が少なくないように思います。例えば、大学に行こうか迷ったら、本当は行きたい、純粋にただ学びたい。ただただ行きたい気持ちがある。そんな燃える気持ちを持っている。でも、家庭の状況を考えると、無理は言えないと考えて自分の一番の希望を伝えられない。周りの友達が羨ましがる大学に入らないとプライドが保てないように感じる。本当は必要性がわからないのに、みんなが大学に進学するから、自分も行かなくちゃと思ってしまう。環境や状況を鑑みて、自分の中にある燃える気持ち、その感覚を感じる前に判断してしまっている状態です。

これは私の仲間たちにも起きています。自分で望んでビジネスで稼ごうと思ったはずなのに、なかなか成果が出ないと落ち込んできてしまう。口では「頑張ります！」「来月は成果出します！」「行動を変えます！」とはいうものの、やっぱり行動できない。面倒くささが勝ってしまったり、周りが遊んでいるから自分も遊びを優先しようと考えたり、引きずられたり。目の前にある、より手軽なものを優先してしまう。自分の中で一番重要度の高い行動を、自分自身でブロックしてしまっているんです。燃えたい気持ちはあっても、目の前で起こっていることを優先してしまい、本当に心が求めていることを後回しにしてしまっている状態です。

今、ここまで読んでくれたあなたが、「もしかしたら、自分も燃えたかったのかも」とか、「燃えられたら楽しいのに」とか、逆に「燃えるなんて、そんなこと自分の状況ではどうやっても叶わない！」と、自分の中に何かしらの感情の揺れを感じてくれたのであれば…。

もう少しだけお付き合いいただけると嬉しいです。

私がこれまでたくさんの人に会い、影響を受け、考え方や価値観を譲り受けてきた中で、私なりのヒントを、あなたにお届けできるかもしれませんので。

…うん、きっと何か届けられると思うよ！

雲のような生き方

私が大好きな書籍に『人蕩し術』というものがあります。その中の一節をご紹介します。

『空を行く雲のごとくこだわりのない人があったなら、その人はまさに「最高の魅力のある人」と私は呼びたいのです。右にもとらわれず、左にもとらわれず、そして必要とあれば、右にも左にもあえてとらえられる、このような自由自在の境地に至った人。あたかも自然の一部と化してしまったような人。気負いもなく、淡々と自らの人生を楽しみ、人々を明るくし、人生をあたかも一場の芝居のように、またゲームのように遊びながら生きている人。このような「遊行者」に、私は心からあこがれ、魅きつけられずにはいられないのです。』（無能唱元『人蕩し術』（日本経営合理化協会出版局、2005年）より引用）

この『雲のような生き方』を知った時、私がずっとこうありたいと思ってきた生き方が、すでに言葉になっていたんだと知ってびっくりしました。同時に、とても嬉しい気持ちになりました。最初に立ち上げた会社名（株式会社クラウドクリエイションズ）にも『雲』という言葉を入れたくらいです。

そしてありがたいことに、傍から見ると私はそんな生き方をしているように見えるみたいです。

本拠地を岡山に置き、必要な時だけ仲間の集う東京のオフィスに行く。クライアントさんの住む関東圏はもとより、大阪や北海道にも足を伸ばす。ふらっと海外に遊びに行って、そこでのんびり仕事をしている。傍で見ていて雲のような生き方だと感じたのは、私のそんなライフスタイルが見えていたからだと思います。

でも本当に欲しかったのは、見えている表面的な部分ではないんです。私が一番手に入れたいのは、雲のような生き方を手に入れるための考え方の部分、いうなれば『雲のような在り方』なんです。雲のような在り方。それは私の中では、こんなイメージです。

心が自由自在で、思考が変幻自在。周りと同調することもできれば、自分の意思もしっかり持っている。それでいて、なぜか自分と周りの境目がないようにも感じる。
自分の人生を生きているんだけど、それがそのまま周りの人も望み、喜ぶことと一致しているから、それらを同時に喜べる。人にパワーをあげられるんだけど、あげればあげるだけ自分ももっとパワフルになれる。
こだわりがなく見えるんだけど、こだわりがないことが最高のこだわりである状態。「なんでもいい、なんとでもなるから」と心から信じられる境地。なんとでもなるのは自分だけでなく、自分と関わる人みんなに対しても同じだと思っていて、みんなに「あなただってなんでもいいんだよ、なんとでもなるから」と心から伝えられる。それは一見芯のないように見える、でも内側は太い芯でできている。雲のように好きな時に好きなところへ現われ、好きに形を変え、漂いながら変化していく。一方でしっかり収入源を持っているからこそ、選択肢も自由自在に作れる。選んだ選択肢を信じて、あとは流れのまま流される。

心の底からの安心感を持っている。思考の切り替えも自由自在で、お金、時間、場所、思考から解放され、『～しなければならない』というとらわれの思考を持たず、でも持ちたくなったら持つこともできる。

これが、私の思い描く『雲のような在り方』のイメージです。そんな雲のような在り方、つまり思考の部分と、自由自在なライフスタイルの両方を持つことを、この本では『雲のような生き方』と表現しています。また私は、現在この雲のような生き方をする集団『雲楽団』の一員、『雲楽士』としても活動しています。

こんな雲のような心持ちでいながら、この物質的な世界で遊びを堪能する。これが私の一番理想の状態です。

この本の読み方

この本は、**はじめに**以下、**フェーズ1**から**フェーズ5**と**おわりに**で構成されています。

まずはこの後、**フェーズ1**を読んでください。**フェーズ1**には主に、この本で伝えていきたいことについてお話ししています。また**フェーズ1**の最後に、ある選択肢を書きました。その内容に少しでもピンと来たら、その先も読み進めてみてください。

でも、**フェーズ1**を読んで、この本の趣旨である、時間、場所、お金、そして思考から解放される生き方「雲としての生き方」に魅力を感じなければ、そこで読むのをやめてほしいのです。立ち読みならそのまま本を本棚に戻してください。それくらい、人生において時間が大切だと私は考えているからです。

選択肢から先に進んだ場合、**フェーズ2**ではビジネスを取り組み始める方に向けてその準備の仕方を、**フェーズ3**ではビジネスの次のステップとして自分ができる状態から、できる人を増やす方法を、**フェーズ4**ではすでに何かしらのスキルを持っている方が、そのスキルをビジネスの力を使って広げる方法や、スキルを持っている方と組んで広げていく方法をご紹介しています。

フェーズ5では、雲としての生き方のうち「思考からの解放」についてお伝えしています。この「思考から解放される思考」を手に入れないと、いくらお金が自由になったとしても、雲としての生き方を手に入れる上で一番重要なテーマはクリアできません。とはいえ、それを望むかどうかはあなた自身の選択です。選択肢を知った上で、どれを選ぶのか、どの選択肢の流れに乗っていくのかは、あなたにしか決められない、ということです。

そして最後に、**おわりに**では、ちょっとしたプレゼントをご用意しています。どんどん新しい世界を見ていきたい！という好奇心旺盛な方には、喜んでいただけるはずです。

気が合えば、新しい冒険の世界にぜひご一緒しましょう。

この本におけるビジネスについて

この本では何度も『ビジネス』という言葉が登場します。すでに何回も登場しましたし、これからもたくさん出てきます。ここで一度、この言葉についてお伝えしておきます。

この本におけるビジネスとは、単に仕事を指すのではありません。『自分の力で稼ぐこと』をビジネスと呼んでいます。私自身、今までたくさんのビジネスに取り組んできました。例えば、ブログで広告収入を得る方法や、メールマガジンで商品を紹介して成果報酬を得る方法。ビジネススクールを運営したり、コンサルティングで多くの方に教えたりしているのもビジネスです。自分のサービスを作り、販売しているのもビジネスです。対面でセールスするのも、チームを組んでセミナーを運営したり、稼ぐ仕組み作りをしたりするのもビジネスです。オンラインで行うビジネスもあれば、オフラインでのビジネスもあります。ひとりでできるものもあれば、複数人で行うビジネスもあります。

このように、この本におけるビジネスとは、稼ぐ力を身につけた上で雇われることなく、自らお金を得ることを指しています。

PHASE ONE

フェーズ 1

人生を選ぼう

やりたいことができないなら

もうずっと前のことになるんですが、実家で暮らしていた時の話。家の中がごたごたして、私自身その渦中にいて、精神的にとてもツライ時期がありました。ツライを通り越してしまい、もうどうしようもなくなった時。考えていたんです。

自分の人生ってなんだろう?って。
せっかく生まれてきたのにね。辛いだけで終わっていいんだろうか?と。

その時、強く感じたこと。
「やりたいことができないんだったら、死んだほうがましだ」と。

我慢が足りなかっただけかもしれないし、大げさにとらえてしまっただけかもしれない。でも、私は逃げる道を選びました。家を出て、ひとりで暮らし始めて、ずっと大好きだった料理の世界に飛び込みました。朝から終電まで働いて、目まぐるしい日々が続いたけれど、やりたいことに精一杯取り組めるようになって、心は充実していました。その後、今度は料理の世界から畑違いのビジネスの世界に進もうと考えた時も、この時の経験と思いがあったからこそ、臆病にならずにあっさり変わることができたのだと思います。

さて、今度はあなたの話をしましょう。

・やりたいことがあるのに、自分には無理だとあきらめてしまっている
・やりたいことがわからなくて、モヤモヤしてる
・自分の人生、このままでいいんだろうかって、疑問に思っている

今までの自分を思い返してみて、当てはまるものがありましたか？　当てはまるとダメ、当てはまらないと良い、という話をしたいわけじゃなくて、その選択肢の先にある自分の未来を、ちょっとここで想像してみてほしいのです。

今のままでいるかぎり、人生は同じレールの上にしか存在しません。

想像してみてください。あなたは一本のレールに乗っています。そしてそのまま進んでいきます。その先に見える景色が、今の延長線上にある人生です。きっと想像できますよね？　このまま、似た生活が続いて、今の周りの環境も劇的には変わらない。もしかしたら、悪い意味で劇的に変わってしまうかもしれませんが…。

さらに想像してみてください。

・もしあなたが今、会社勤めを始めたばかりで、このまま会社員として一生を終えるとして、その人生は求めていたものでしょうか?
・もしあなたが結婚しているとして、何かもやもやしたものを抱えているとしたら、そのまま先に進む人生で、納得できるでしょうか?
・もしあなたがこれから就職を考えているとして、今の社会や会社の仕組みに疑問を抱いているとしたら、このまま就活を続けていくことに疑問はありませんか?

何も、会社を今すぐ辞めよう!とか、離婚しましょう!就活なんてやめてしまえ!と言っているわけでは決してありません。そうじゃなくて、ちゃんと想像してみてほしいんです。未来は今、この生活の延長線上でしかないということを。想像して、それが満足のいく人生だとしたら、問題ないです。それはとても素晴らしいことですし、とてもとても素敵なことですよね。私は本気でそう思います。でも、この本を今こうして読み進めているあなたは、そういった未来では満足できないんじゃないかなって私は想像しています。

人生は一度きりです。時間は刻一刻と過ぎていくし、このままいけば、確実に人生は進んでいく。みんな歳を取るし、不老不死の技術ができない限り、みんないつかは死んでしまいます。そこで人生が終わる。これは確実に決まっていることです。死を意識して初めて、生きているこの現実がリアルに感じられます。リアルに生きるって、すごいことですよね。今、この瞬間を感じることです。

一瞬一瞬をちゃんと感じながら生きると、それはそれで大変そうですが、たまにはちゃんと『今』を感じてみて、さらに『人生という時間軸』を通して、自分を見てみる。そうして初めて、今の自分がどこにいて、どこに向かっていて、どうなるのか。それが見えてきます。理想的な人生や生活と、このまま進んだだけの人生や生活。その差をちゃんと理解して、想像して、感じてみてください。きっと、このままでいいやって思えないのではないでしょうか?

実は私も、今のままじゃ、まだまだ嫌なんです。

人生、あと50回だよね

今のビジネスパートナーと組んでビジネスをするようになって、ちょうど一年を迎えた時のこと。その時、言われたんです。

「一年経ったけど、ビジネスできるのはせいぜいこの一年が50回くらいだよね」って。

この一年があと50回しか来ない。

それを感じた瞬間、泣きそうになりました。泣いても仕方ないので、必死に我慢しました。

一年でどれだけのことができただろう？　もっとたくさんしたいことはあるし、もっと周りの役に立つこともできたはずだ。

なのに、そんな満足のいかない一年があと50回あったところで、今の状況よりちょっと満足のいく未来へ進んだ程度でしかない。

そんなの違う。私はそんなの求めていない。そんな程度で心から満足なんてできるはずないと、わかってしまいました。

もっとしたいことがあるし、そのしたいことの数々が私の目にも、ビジネスパートナーや一緒にいる仲間たちの目にも映っているはず。はっきりと映っていない人がいたとしても、その人たちにもっと楽しいことあるよって提供していくのが、私の役目のひとつだから。

そう考えると、その一年の自分のつたなさが情けなくなってしまいました。

私は、こうしてしたいことがある程度見えているから、実感できているともいえます。

だからあなたも、もう一度想像してみてほしいんです。今の人生がこのまま続くのでなければ、どんな人生だったら楽しいんだろう？って。

人生プランは最高から逆算する

私は個人がひとりでできるビジネスの設計の仕方も教えているのですが、その中でこんな考え方があります。自分の商品やサービスプランを設計する時の考え方のひとつなのですが、史上最強、これさえあれば最高！という商品プランを考えます。自分だったら何ができるのか、これならできそう、というプランではありません。できるできないにまったく関係なく、一切の制限をなくしたプランを考えます。

そしてこの最高のプランを考えてから、現実に実行可能なように削っていきます。削っていく際に、物理的にできないこと、自分ではできないこと、今の自分ではできないことなどに分けて考えます。

物理的に不可能なことはともかくとして、自分ではできないことと、今の自分ではできないことは、どうにかしたらできるってことなんです。最初から削り取ってしまったのでは考えつかないような素晴らしい商品やサービスは、こうして最高の状態から考えていったほうが生まれやすくなります。

これは、自分の人生で考えても一緒なんです。

あなたの人生で、最高の状態はどんな状態でしょうか?　あなたひとりでできるかできないか、今すぐできるかできないかはいったん置いておいて、最高、最強の状態を思い描いてください。これはできない、という思いが途中途中で湧いてくると思います。でも今はそれを無視してしまいましょう。とにかく、脳に汗をかいて、しっかり最高の状態を思い描きます。

そして、想像してみてください。
その制限のない最高の人生が自分のものになった未来を。

そしてもう一度、今の生活の延長線上の人生が予定通りやってきた自分の未来も想像してみましょう。

あなたが望むのはどちらの人生でしょう?

きっと、最高の人生のほうがいいですよね。

人生を変える5度

あなたが望むのは、きっと最高の人生なのではないでしょうか。

でも、その人生を叶えたいと思った時、「やっぱり今の自分には無理」って、感じてしまうかもしれません。

だけど本当にそうでしょうか?

私の人生は現時点で、以前の私の予想を超えたものになっています。想像もつかなかった素敵なことが日々起きています。以前の飲食業時代では、予想すらできなかったような人生になってしまいました。

それは私だからできたとか、すごいことをしたから、というわけではないんです。

私の人生が変わったのは、単に私がある時、今まで歩いてきて、これからも歩くはずだったレールの上に切り替えレバーを見つけて、その切り替えレバーをガチャンと引いただけ。その切り替えレバーは、レールの行く先を分け、違うルートに進むためのレバーでした。

難しいことはしていません。ほんの軽い気持ちで、「ちょっとやってみよ～」と思って、そのレバーを引いただけ。ほんの小さなアクションを起こしたにすぎません。

でも、そのほんの小さなアクションで、人生は大きく大きく変わってしまうんです。

一本の道を進んでいて、分かれ道にたどり着いた時、その二つの道は、たった5度の角度の差しかなかったとします。でも右の道と左の道は、進めば進むほど、離れた場所にたどり着いてしまいます。最初はたった5度しか違わなくても、進めば進むほど、まったく違う場所に行き着いてしまうんです。

その分岐が、もし10度違ったら？　20度違ったら？　あっという間に違う場所に行き着いてしまう。

だから私の人生を変えた分岐では、本当に本当に小さなアクションを起こしたに過ぎなかったんです。

「ビジネスを自分でやろうなんて、相当な覚悟が必要だったんじゃないですか？」

そんな風に聞かれることも少なくありません。

でも、私の場合は特に、ちょっとしたノリにすぎませんでした。

ちょっとやってみようかな。そんな軽い気持ちでやったことが、面白くて面白くて、今までの生活を続ける気にならなかった。それだけなんです。

普通に毎朝起きて、仕事場に通い、与えられた仕事をこなし、仕事が終わったら帰って、ご飯を作って、食べて、休む。そんな普通の生活に戻れなくなるなんて、単に私が社会不適合者だっただけなんです。

でも今は、社会不適合者にもチャンスをくれる時代になっているんです。これも後から気づきました。

そもそも自分が社会不適合だなんて、気づいてすらいませんでしたから。

覚悟は気軽にしちゃえばいいよ

人生を変えようと思った時に覚悟が必要。この覚悟って言葉、ちょっと大げさなんですよね。なんだかするのに大きな決心が必要で、一度覚悟を決めちゃうと、なかなか変えられないようなことだと思いませんか？　だから覚悟がなかなかできない。

私にとって覚悟は、簡単にしていいものだし、気軽なものだし、いったん覚悟しても、いくらでも取り消し可能なものです。覚悟したことすら忘れ去ってしまうようなものでもあります。

それくらい気軽な覚悟でいいんですよ。人生が変わるかどうかは、覚悟をした後にどんな行動をしていくかにかかっているんです。なのに、一つひとつの覚悟の意味について考え込んでしまったり、行動をしている途中で起こるかもしれないことに不安になったり、恐怖を感じたりして、いつまでも覚悟ができず行動に踏み出せずにいたり。そうだとしたら、もったいないと思いませんか？

そもそも、「人生を変える！」、そんな覚悟を今すぐあなたがしたとして、現実に何か変化が起こるでしょうか？　残念ながら、そうそう何も変わりません。現状を変えるには、行動が必要で、行動には時間が必要だからです。まず変わるのはあなたの心の中です。覚悟とともに行動が変わり、行動が変わることで現状が変わり、ようやく覚悟したことが現象となります。

だから、覚悟は気軽にしていいんです。気軽な覚悟で人生が変わるんだったら、そのほうが素敵じゃないですか？

では、もしあなたが覚悟は大変なもので、簡単ではないし、なかなかできないと思っていたとしたら、どうすればいいでしょうか？　答えは、覚悟は簡単だと思えばいい。これだけです。その切り替えの仕方は後述しますが、「覚悟＝難しい」と感じていた覚悟そのものの意味を、簡単だと書き換えてしまえばいい。実はそれだけの話なんです。

例えば、ビジネスをやろうと思った時も、なんだか大きな覚悟が必要なんじゃないかってあなたは思ってしまうかもしれません。でも、ビジネスをやろうと思う時にする覚悟も、気軽な覚悟でいいんです。

ビジネスって何かというと、誰かに何かを紹介したり伝えたりして、それが良いものだったらお金という対価と交換してもらう仕組みです。

あなたも日々、ビジネスに近いことは行っているはずです。例えば、おいしいラーメン屋さんがあれば、友達を誘って一緒に行きたいと思いませんか？　面白い映画を見たら、好きな人に教えたいと思いませんか？　今日の晩ご飯にどうしてもとんかつが食べたかったら、とんかつが食べたいことを晩ご飯を作ってくれる人にアピールしませんか？

これは、誰かに何かを紹介したり伝えたりしている行為なのですが、実はビジネスでも同じことが行われています。

さらに、その伝えることや紹介することに、お金と交換いただけるだけの価値を相手が見出すことができたなら、それは立派なビジネスになります。「教えてくれてありがとう」「紹介してくれてありがとう」という気持ちをお金という形であなたがもらえること。これがビジネスなんです。

そう考えると、ビジネスは実はとても身近なものだし、決して難しいことではないんです。だから私がビジネスをやろう！と思った時の覚悟も、決して大きな覚悟なんかではなく、とりあえず「ちょっとやってみようか～」という程度の、とてもとても気楽なものだったし、それでいいんだと今も考えています。

さて、先ほど想像していただいた、最高の人生の話に戻ります。あなたが想像してみた最高の人生が、たとえ今のあなたにとっては実現不可能なものに思えたとしても、それが、今の生活の延長線上に予想として見えてしまう最高とは思えない未来を選ぶ理由にはなりません。

「今のレール上の人生を生きたい！」「このまま進む人生こそ、求めていたものだ！」そう思える場合以外は、分岐でレールを乗り換える必要があります。乗り換えるには、本当に小さな覚悟で十分です。覚悟なんていえないほど小さくて十分なんです。

そうしたら、予想もできないような人生がきっと待っています。すべてが素晴らしい、楽しいことしかないかどうかは残念ながらわかりません。ですが、今の予想可能な人生よりは、ずっと素敵な人生が待っていると思いませんか？

望む人生を作る側になっていいんだよ

やりたいことができないのなら、死んだほうがまし。この気持ちはずっと私の中にあり続けています。こんなにまで強い気持ちでないとしても、あなたも多かれ少なかれ、何かをしたいという好奇心なら持っていますよね？　例えば、わからないことを知りたいというストレートな気持ち。やりたいと思ったことをその瞬間にやってみたいと思う気持ち。自分らしくありたいという気持ち。好きな時に好きな場所で好きな人と好きなことをする。言葉にするとシンプルですが、なかなか難しいことです。そして、とてつもなく素敵なことでもあります。

でも、生きていくうちに、どんどん知識が増えて、知識が増える毎に「自分には無理」「自分には難しい」という気持ちに心が支配されてきます。何かやりたいと口にすれば「君には無理だよ」「現実を見たほうがいいよ」「そんなことより、できることをすればいいんじゃない？」。周りはそろって、あなたの願望を押さえつけていませんか？　そしてあなた自身も自分自身に対してそうしてしまっているのではないでしょうか。

好きな時に好きな場所で好きな人と好きなことができる。そんな縛られることがない状態が究極の自由な状態だとしたら、その中身はあなた自身が定義していいんです。誰かに勧められたこと、誰かが考えたことを自由だとするなら、その時点で自由ではないのだから。あなたはあなたの気持ちの赴くまま、好きに決めて構わないはずです。あなたはあなたの気持ちや願望、考えを押さえつける必要はなく、もっと自由にしてあげていいんです。

なのに、実際は頭で考えすぎてしまい、時には知識で蓋をしてしまい、自由な発想ができない状態になってしまいます。知識は敵ではなく、うまく付き合っていくべき相手なのに。

人生は一度きりです。だからこそ、やりたいことがあるならやってみたらいいんです。そうして想像できないような楽しい人生を作っていく側に回ってみたいとは思いませんか？　もう、誰かの楽しい人生を傍から眺めるのは終わりにしていいのではないでしょうか。あなたの望む人生が、今のあなたのままでは実力が伴わず、実現できないのだとしたら、実現できるように動き始めてもいい頃ではないでしょうか？

先に実力をつけるのではなく、先に覚悟を決めて新しい人生のレールに乗ってしまってください。実力をつけなければ乗ることができないと思うのは幻想です。あなたの新しい人生は、すでに開かれています。そのレールに乗るだけで、スタートを切ることができます。

もやもやはチャンスのしるし

私や私の仲間たちの周りには、就職する気持ちにどうしてもなれなかったとか、会社に勤めていたものの、何か違和感を感じてどうにもならなくなり辞めてしまった、勤めをしながら何か模索している仮面浪人ならぬ仮面会社員など、いわゆる一般的にいわれる『社会不適合者』に近い人たちが集まってくることが多いです。

もちろん、そんな思いを抱いている以外の方、例えば何かしらのスキルを持っていて、それを生かしたい、広めたいと思っている方もいます。そういう方に向けたお話は、また後ほどしていきます。

ここでは、前者に該当する場合。

・どうしようもないもやもやした気持ちを抱えている

・よくわからないけどわからないなりに現状打破したい気持ちを抱えている
・何かを成し遂げたいと思っている
・何かを変えたいと思っている
・自分を変えたいと思っている
・人生を変えたいと思っている
・今、この道をまっすぐ進んでいくことに違和感を感じている

こんな気持ちを感じているとしたら、それはチャンスが来たのだと、私は考えています。

子どもの頃、身長が伸びていくとともに、体に痛みを感じた方も多いと思います。いわゆる成長痛です。この成長痛は、身体的なものだけではないんですよね。今の自分やこの状況から抜けて、先に進みたい、違うステージ、違う人生への岐路に立ちたいと感じているとしたら。そこには多かれ少なかれ、成長痛が伴います。現状を抜け出し、今までの自分を抜け出し、次の自分になっていくことだから、痛みや違和感を感じることも当たり前のことなんです。

今のままでいる、つまり変化しないほうが、短期的に見ると完全に楽です。変わらないことって、楽なことなんですよね。

でも、違和感は消えません。ずっと心の奥の方に、もやもやした気持ちは抱えたままです。そのままにしておくのは、短期的には楽なのですが、放っておいたもやもやや違和感は、いつかのタイミングで噴出してきます。何度も噴出して、そしてそれを放っておいたり、無視したまま、また元の生活に戻ったり。それを繰り返していくうちに、もしかしたらもやもやも違和感も感じなくなってしまうかもしれません。

そこで、考えてみてください。このまま歳を取って、死んでしまう間際になったら？　その時のあなたはきっと後悔すると思いませんか？

やったことより、やらなかったことのほうが後悔する。言葉では理解できることですが、本当に自分ゴトとして体験してみなければ、それがどれほどの後悔なのかは感じられません。

だけど今なら、後悔する可能性の少ない選択肢を選ぶこともできます。

その選択をしたからといって、微塵も後悔しないかといえば、もちろんそうではありません。選択を後悔するかもしれません。でも、ただひとつだけ言えるのは、『やらなかった後悔はしない』ということです。これだけは確実に言えます。だとしたら、せっかく生まれてきたんだし、この人生は一度きりなのだから、そしてどうせ、この違和感は変えようとしない限りなくなりはしないのだから、やってみたらいいんです。

ただ、残念なことに、先に進んでいけば、次のステージでまた、違和感を感じたり、もやもやしたりする気持ちが新しく生まれてきてしまいます。

でも、仕方ないんです。それが成長するということなのだから。

とはいえ、もやもやや違和感は自分を成長させてくれる気持ちだとわかれば、それらを解決しようとする時に感じる成長の痛みさえ楽しむことができます。そうすれば、その痛みは愛おしいものに変わります。そして今度は、成長の痛みにも違和感にも慣れていって、その痛みや違和感は自分の中ですぐに解決できるようになります。

違和感やもやもやがやってきたら、自分がステップアップするチャンスが来たと、それをとにかく楽しんでしまう。そんな楽しみの多い人生のほうが素敵だって思いませんか？

つまり、成長の痛みや違和感、もやもやする気持ちを楽しめるようになれば、それらがやってきた瞬間に、「わお! チャンス来ちゃった!」と感じて嬉しくなります。その時点でもう、違和感は違和感じゃなくなりますよね。

成長すればするほど、考え方が変わってしまえば変わってしまうほど、今抱えている成長の痛みや違和感は、感じることさえできなくなっていきます。それはそれで、私にとってはちょっと寂しくて、もっと大きな心揺さぶられる体験を求めるようになってしまっているのですが…。

とはいっても、日常の些細なこと自体が全部面白い実験で、面白い検証材料なので、日々が楽しくて、愛おしくて、幸せな毎日でもあるんですけど。

私はその楽しい幸せな気持ちを、ビジネスというひとつのツールを通して味わっています。でも、ビジネスに限らないと思うんですよ。別になんだっていい。だって結局は、すべて同じことの上にあるのだから。

この感覚を説明するには、もう少し言葉が必要そうです。なので、その前にちょっと別の角度からお話をしておきたいと思います。

カオスな社会、到来

先ほど少しだけ、「今は社会不適合者にもチャンスをくれる時代」だとお話ししました。これはなぜだと思いますか?

私は、以前とは『優秀』という言葉の定義が逆転した時代になったのだと考えています。今までは良い大学を出て、良い会社に就職し、しっかり昇進し、退職金をもらって、老後は悠々自適に暮らす。これが社会的な成功であり、優秀な方がたどる最適なルートでした。でも、今はそれが当たり前ではなくなってしまいました。良い大学の定義が変わり、大学を出ても理想の就職先に就職するのは難しい。就職できても、その会社の存続自体危ぶまれている。そしてまじめに勤めても、いつリストラにあうのか不安な毎日を送り、60歳、70歳になってようやく、ずっと叶えたかった生活がやってくる。

以前の優秀ルートは、もはやなくなりつつあります。それはきっと、あなたも感じていることだし、そこに魅力を感じられない人も増えてきています。

社会の流れが変わってしまったのです。ということは、今までの常識が変わったということであり、今までの社会にうまく溶け込めていた人が、今の社会に溶け込めなくなったと言い換えることもできます。つまり、これまで社会に適合できなかった人、つまり社会不適合者でも、これからうまく適合できる時代がやってきた、といえるんです。当然、社会不適合だからうまくいくとか、社会不適合ではないからうまくいかないということではありません。新しい社会にちゃんと適合していくことは、当然必要です。

でも、その新しい社会は、今までのようなわかりやすいレールのない社会です。混沌としていて、カオスな社会であるともいえます。だからこそ、生き方はいっぱいあるし、決まったレール以外でも理想を叶える方法がたくさん存在する社会になりました。自分の労働力と時間を売って、会社という仕組みからお金をもらうのではなく、自分でお金を稼ぐ能力を身につけて、自分で生き方を作っていく。そんなことができるようになっています。

今までの社会の仕組みは、レールが敷かれているという特性上、ある意味平等だけど、ある意味では正当な評価が得られない仕組みでした。

一生懸命働いても、会社に貢献しても、もらえるお金が劇的に増えることはなかなかありません。逆に、手を抜いたところで、成果を残さなかったところで、最低賃金は保証されていました（それも揺らいできたわけですが）。

そして、選ぶ職種によってある程度のライフスタイルや、労働時間、そして生涯年収も決まってしまっていました。例えば、収入の多い仕事としては、医師が挙げられます。開業医か勤務医か、また専門分野でも変わってきますが、１０００万円から２０００万円が平均です。高給取りの仕事ではありますが、そもそも医師になるためには医学部に入ることが必須です。そのために、例えば私立中高一貫校に入学すれば六年間で約６００万円から７００万円、私立大学なら六年間で２０００万円以上の学費がかかると言われています。

また、医師になってからも、手術のプレッシャーは並大抵のものではないかもしれません。それに、お客さんを選べなかったり、訴訟が多かったりするのも特徴的です。

開業医になれば、ある程度のライフスタイルを選ぶことができるのかもしれませんが、医療設備やスタッフの人件費など、初期費用もかなりかかります。当然経営のスキルも必要ですし、医院の経営がうまくいくかどうかで収入も大きく変わってくるでしょう。

お医者さんを例に挙げましたが、世の中にある多くの高給が取れる仕事は、お金は得られても時間や場所の自由が得られないものがほとんどです。もちろんそれが嫌で、自由なライフスタイルを目指して起業したにもかかわらず、追い立てられて働いている方も少なくはないのですが…。

ですがそれでも、どんなビジネスをするのかをしっかり考えさえすれば、雇われて行う仕事や、そもそも職種的に自由度が少なかったりストレスが多かったりする職種に比べれば、自分のビジネスを持つことのほうが圧倒的に自由なライフスタイル、理想の生活、手に入らないと思えていた金額を手に入れやすいです。

また、今後は人工知能の発達により、仕事自体がなくなってしまう、もしくはその仕事における人が関わっている割合を人工知能に奪われてしまうといわれている職種も多くあります。例えば一般的な事務職だったり、小売店の販売員だったり、物流の作業員や運転手、他にも調理人などが挙げられています。絶対になくなるのかといえば、それはわかりません。またなくなるとしても、その時期も当然わかりません。

でも、だからこそ、今のうちにちゃんと自分の力で稼ぐ能力を身につけておく必要があります。あなた自身、理想の未来を手に入れたいと思うのなら、これから先、どんな時代に変わろうと（もう変わり始めていますが）大丈夫なように、自分の力で稼ぐスキルがどうしても必要なのです。

もちろんこれは、すべての人にとって必要なのだというわけではなく、自分で自分の人生を設計したい方に限ったことではあります。今お話ししたような生き方以外にも、会社の中で自分の仕事を見つけ、それに全力を注いで生きていくのもひとつの道ですし、会社で働きながらも副業としてビジネスをしていくという道もあります。大切なことは、選択肢を知った上で自分で選んでいるかどうかなのです。

では、自分の人生をコントロールするとは、どういうことなのでしょうか？　今お話しした『自分の力で稼ぐスキルを身につける』というのはひとつの答えですが、もう少し広い意味での答えをここでお話ししたいと思います。

少し前に、覚悟は気軽にしたらいいよ、という話をしました。「この人生を、このまま予想できるものではなく、ワクワクする方向にシフトチェンジしよう」、そう思えたとしたら、それはとっても素敵なことです。逆に、今のまま、まっすぐにこの人生を進もう。そう思えたとしたら。それもそれで、やっぱり素敵なことです。

要は、どっちでもいいんですよね。あなたが選んだことであれば。問題なのは、選んでいいことすら知らなかったり、選べないと思い込んでいたりしている状態です。

だから、今のままの人生を進む、進まないはどちらでもよくて、あなた自身でそれをしっかり選んだことが何よりも重要なんです。自分の人生をコントロールするということは、考えられる選択肢を知って、それらを選択できることを知って、あなた自身で選択することです。さらに選択した先を信じ、流されていく。流れに身を任せてこそ、あなた自身で行った選択を信じているといえます。

それでは次に、自分の人生をコントロールするための方法のひとつである『自分の力で稼ぐスキルを身につける』こと。そのために私が行っている『ビジネス』とは何かについて、もう少し詳しくお話ししていきます。

ビジネスは壮大な遊び

私の今のメインのビジネスは、いろいろな方のビジネス設計のお手伝いをしたり、一緒に作り上げたりしていくことです。仕事内容が多岐にわたるのでイメージしにくいかもしれません。例えば、個人が独立起業するためにその人のスキルをベースに事業を考え、構成を考え、実践方法を伝えたり、何もないところから稼ぐ方法をお伝えしたり。すでに事業を持っている人が、その事業で叶えたいカタチを実現するためのお手伝いをしたり。

そして、一緒にビジネスをしている仲間たちがもっとうまくいくように、いつでもアドバイスできる環境を整えること、実際にアドバイスしたり直接手伝ったりすること。私や仲間たちのいるこの環境をもっと良いものに発展させるために、新しいアイデアを出して話し合うこと。

当然今でもプレイヤーとしても活動していますし、細かいことをいえば他にもたくさんあるのですが、大まかにいうと、ビジネスを通して、個人が理想のライフスタイルを実現する方法や思考法をアドバイスしたり、お手伝いしたりしているのが、私のメインのビジネスです。

ビジネスとは何か？　求めている理想を叶えるためのビジネスを作るにはどうしたらいいかを、私は多くの人からさまざまな形を通して教わってきました。そして今、私なりの形ができ上がっていますし、その形さえ日々、多くの人の力を借りてどんどん進化しています。

そうはいってももちろん、ビジネスは万能ではありません。それに、あなたにビジネスを無理に勧めているわけでも、まして強制しているわけでもありません。単に、私がたまたま取り組んだのがビジネスだったんです。だから私は、今取り組んでいるビジネスというツールを通して、あなたの人生を変える方法をお伝えできると考え、お話ししています。他のことに取り組んでいたら、そのことを通して、あなたに伝えていたことでしょう。

ビジネスはこの世界において、ひとつのツールにすぎないと私は考えています。どんなツールなのかといえば、世の中を理解したり、人を理解したり、人生を楽しんだり、この物質的な社会の中で遊んだりするためのツールです。だから、他のツールでそれができるならば、なんでもいいと思うんですよ。

私にはたまたま、それがビジネスだっただけで。

ビジネスに出会う前までには、世の中のことや人、人生について何も学んでいないかといえば、当然そんなことはなくて。人との出会いを通しても学んできたし、自分との葛藤の中でも、学校でも、家族との付き合いの中でも、そして料理やパティシエの仕事を通しても、たくさんたくさん学んできました。そしてその後、たまたまビジネスに出会ったんです。

私の当初の目的は、お金に困らないようになること、そして自由な時間を増やしてのんびり暮らすことだったので、ビジネスと出会ったのは必然だったのかもしれません。

ビジネスを実践してわかったことは、ビジネスが世の中、人、人生を理解し、世の中で遊ぶための効率的なツールなのだということです。ビジネスのメリットで大きいのは、自分でお金を稼ぎながら、同時にお金を稼ぐ力も身につけられるという点です。

お金に直結することだけではありません。集客力やセールス力、コミュニケーション力やコピーライティング力、状況分析力、未来予測力、人と接するためのスキルや、自分の願望を叶えるためのスキル、そして時間や場所、思考からも解放されるための本質を身につけることもできる…。言い出したらキリがありませんが、生きていくことを楽しみ、有意義で役に立つひと通りのスキルを身につけることができます。

この社会の仕組みの中で楽しむのに、お金は絶対ではありません。でも、あったほうが遊びの幅が広がることも事実。例えば、ふらっと旅行に行ったり、泊まる宿を好きに選べたり。食べたいものを食べたり、住みたい場所に住んだり。人それぞれ、お金をかけたい自分の好きなことがあると思うんです。それにはお金がかかる。つまり、自由に選ぶことにはお金がかかります。それはこの社会の仕組みなんだから、仕方のないこと。

自分の楽しみのためだけではありません。もし、家族が病気になったり、大切な誰かがトラブルに巻き込まれたりした時も、お金があれば助けられることもあるでしょう。

もちろん、お金では買えないものがあることは、私も知っています。ビジネスは、そのことについても教えてくれました。例えばコミュニケーション。一対一もそうだし、少人数のコミュニケーションも、もっと多い人数でのことも、組織の作り方についてもビジネスを通して学びました。

働き方やライフスタイルも選べるということも、ビジネスから教わりました。決まった時間に通勤してオフィスに向かうのもひとつの働き方だし、在宅で仕事するのもひとつの働き方。ひとりでもできるし、仲間と作り上げていくこともできる。どんなジャンルの仕事も好きに選んでいいし、その仕事を通して何を得たいのか、何をしたいのかという観点から仕事を選んでもいい。

言葉の使い方や思考の癖、感情についても多くのことを学びました。そして、予想を超えたワクワクが連続する人生の作り方も、私はビジネスを通して知りました。そしてやはりビジネスなので、そうした学びや、生活そのものをお金に換える方法も、ビジネスで学びました。

これは何も、私だけが知り得たことではありません。ビジネスをただのお金儲けだとは考えてなくて、ビジネスを通して人生について学んでいる人たちはみんな、知っていることです。そして私も、そういう人たちから教わり、受け継いでいるだけなんです。ビジネス以外にも、たくさん学ぶ方法は溢れています。それらを学ぶ方法だと認識し、意識するのかどうかは自分次第です。

学ぼうと思えば、何からだって学ぶことができる。意識するかしないか。それだけなんです。

私にとっては、たまたま出会い、ノリで始めたビジネスです。それが素敵なことだとわかったのは、すべて私よりも先にたくさんの先人たちが道を作ってくれていたからなんです。そしてそれは、ビジネスをしている人だけではありません。これまで関わってきた人たち一人ひとりが教えてくれたことでもあります。振り返って初めてわかったこともたくさんあるんですが。

こんな風にお話しすると、ビジネスはやっぱりたくさんの知識や経験がなくてはできない、特殊なものだと感じるかもしれません。でも、ビジネスは難しいものではないんです。それは畑違いのパティシエという仕事から、何の知識も経験もないまま、たった二か月で前職を辞め独立した私が言うのですから、間違いありません。

勘違いしてほしくないのは、難しくないというのは、何年も何年も下積みがあるような仕事だったり、何年かかってもなかなか昇進、昇給できなかったりするような仕事と比べて、相対的に難しくないということです。何もしなくても稼げるとか、勉強しなくてもいいという意味ではありません。ビジネスを本気でやろうと思えば、ゼロから始めたとしても、短い時間で大きなお金を稼げるようになるという点で、他のどんな仕事にもないメリットがあるということ。またビジネスで独立しなくても、副収入やプラスアルファの収入が欲しいのなら、それも叶えられるということ。自分で働く時間をコントロールすることができるということ。そしてもし望むなら、自分で自分のライフスタイルを設計できる可能性があるということです。

とはいえ、仕事ですから当然、人様からお金をいただくわけです。だから当たり前ですが、基本は学ばなくてはならないし、そこからしっかり自分のスキルにしていかなくてはならない。自分で実践するほかはありません。

正社員になって出世していくというレールを選んだ場合、好きなことをしながら時間の自由を味わうことは、定年まで難しいことだとお伝えしました。それと比べれば、ゼロから始めても、たった数年頑張れば望むライフスタイルが手に入る可能性が大いにあるビジネスは、そんなライフスタイルを手に入れる以外にもたくさんの可能性を秘めています。

だからビジネスは人生を学び、遊ぶためのツールのひとつなんです。たくさんのことを学べる面白いツールであり、私たちにとっては最高の遊び道具なのです。

ただ、どんなツールを選んだとしても、取り組む意識次第で、そのツールは有意義なものになるか、そうでなくなるのかが決まります。

ビジネスをしていても、単なるビジネスだとしかとらえていなければ、それ以上のものにはなりません。ビジネス以外のことに取り組んでいたとしても、そこからあらゆることを学ぶ意識になりさえすれば、それは素晴らしいツールになるわけです。

自分が選んだツール。それ自体が重要ではなく、そこから何を得るのか？　どれだけ本質に近づくのか？　これが大事なんだと、私は考えています。

それでは、選んでください

フェーズ1では、時間、場所、お金、そして思考から解放されるためには、ビジネスをすること、そしてビジネス思考を発展させることがひとつの方法だとお伝えしました。一方で、時間、場所、お金から解放される方法はビジネス以外にもあるというお話もしました。

私がビジネスをひとつの方法としてご紹介したのは、私が取り組んだものが単にビジネスだったからです。私はビジネスを選んでもいいし、そのほかの方法を選んでもいいと考えています。選ぶのはあなた自身です。

ビジネスは基本的に、お金を稼ぐために行います。お金を稼げば、時間に縛られずに生活することができます。朝起きていきなりビールを飲み始めるとか、二度寝するとか。もちろん好きなだけ仕事に打ち込むのもありですよね。またふらりと海外旅行に行きたくなれば行けばいいし、行きたい時に行きたい場所へ出かけるのも自由です。自分のいる場所、時間を自分で決められるのは、ビジネスで得たお金によって、お金から自由になれるからに他なりません。

お金を稼ぐ方法はビジネス以外でもあります。会社で雇われて働いていれば、時間や場所を自分で選ぶことは難しいかもしれませんが、なんらかの方法で生涯年収を予め稼ぐことができれば、その限りではありませんし、定年までしっかり働くことができれば、その先は時間、場所は自由になりそうですよね。ですので、ビジネス以外にも時間、場所、お金から解放される方法はあります。

また、もうひとつの方法を挙げるなら、自分の思考から解放されることで、時間、場所、お金から解放される方法もあります。過ごす時間や場所、お金を持つ持たないに縛られない思考を手に入れることです。そうすれば、そもそも時間や場所を自由に選ぼう、お金をもっとたくさん手に入れよう、という考えすら浮かばなくなります。いわば、仙人のような思考だということもできそうです。

そこで、まずは今ここで選択をしてください。『選ぶ』ということは、とても大切だと私は考えています。なぜ選ぶことが大切なのかは、この本を通してお伝えしていきます。その考えを知りたいと思っていただけるのでしたら、それだけでこの本を読む価値はあるでしょう。

では、最初の選択です！

【選択1】
あなたは時間、場所、お金から解放されたいですか？　①か②を選択してください。

①　解放されたい！

②　解放されなくていいです。

※できるできないにかかわらず、解放されたいかどうかで選んでくださいね。

さて次の選択です！

【選択2】
思考から解放されて、雲のように生きることに興味がありますか？　①か②を選択してください。

①　興味がある！

②　興味ないです。

※できるできないにかかわらず、興味があるかどうかで選んでくださいね。

【選択１】で、時間や場所、お金から②解放されなくていいと思い、【選択２】では雲のような生き方に②興味がないと思った方は、きっと私はお役に立てないばかりか、時間を無駄にさせてしまいます。ですので、ここで本を閉じることをお勧めします。

【選択１】で、時間や場所、お金から①解放されたいと思い、【選択２】で雲のような生き方に①興味があると思った場合、**フェーズ２**から順に読み進めてください。

【選択１】で、時間や場所、お金から②解放されなくていいを選択し、【選択２】では雲のような生き方に①興味があると思った場合、**フェーズ５**だけ読んでいただくので十分です。

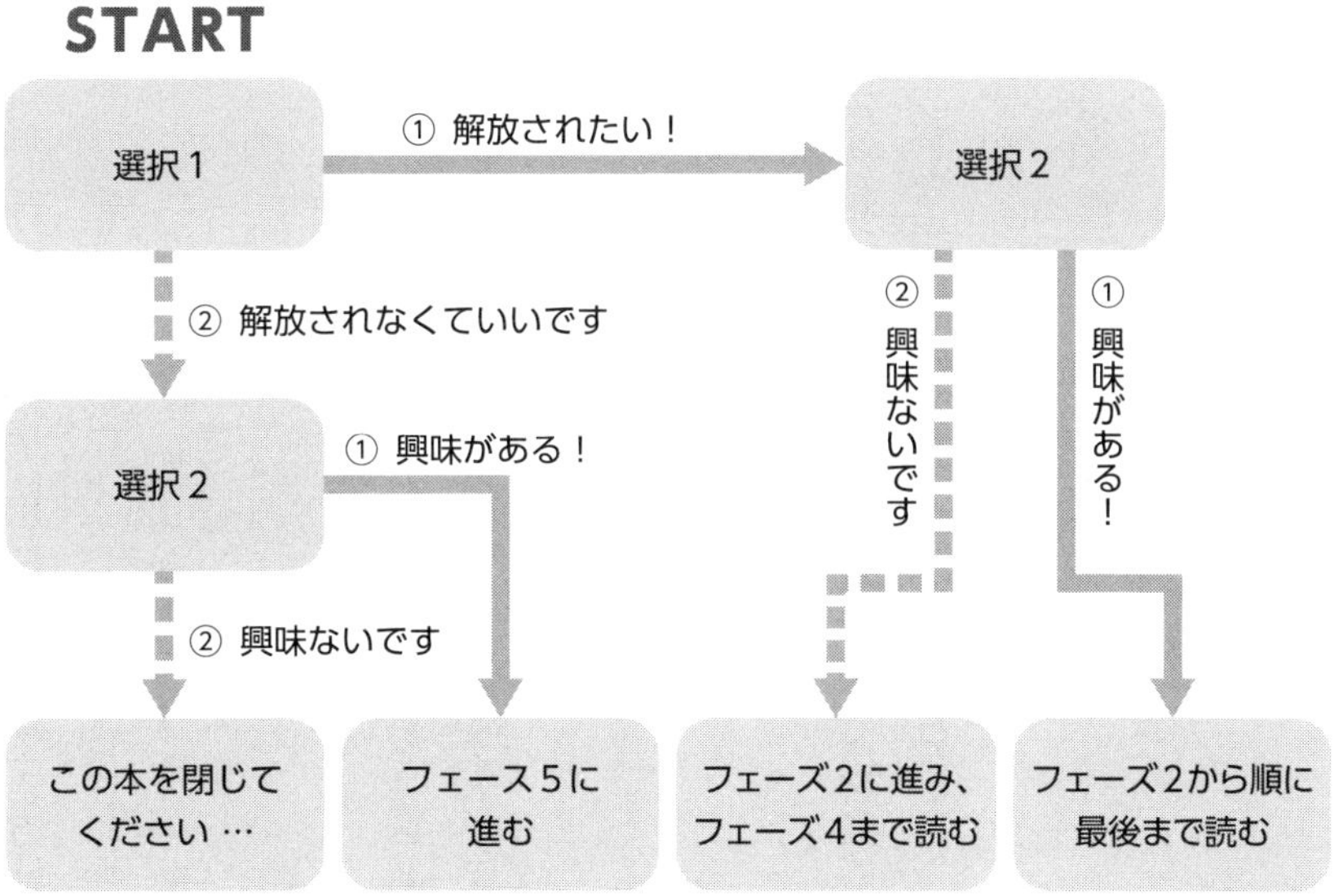

【選択1】で、時間や場所、お金から①解放されたいを選択し、【選択2】では雲のような生き方には②興味ないと思った場合、**フェーズ2**から**フェーズ4**までを読んでください。**フェーズ5**は特に必要ありません。

フェーズ2から**フェーズ4**までは、物質的な世界といえるこの世の中の遊び方について、ビジネスを通してお伝えしていきます。**フェーズ5**では、思考を解放する方法についてお話ししていきます。

フェーズ2から順に読んでいっても、**フェーズ5**だけ読んでいっても、『雲のような生き方を実践する』というゴールにたどり着くのは同じです。その道順が違うだけなんです。

この世界に生まれたからには、この世界ならではの『社会の仕組み』というルールに沿って、物質的な世界で遊ぶのか、ルールを知った上で物質にこだわらず、思考を自由にするのか。このどちらでも、私はいいと考えています。なぜなら、どちらの選択もそれが自分の意思で選ぶということであり、行った選択を信じて、あとは流されていればうまくいくからです。

さて、このまま読み進めるかどうかを選びましたか？　もしくは読み進めるフェーズが決まりましたか？

それでは先ほどの選択と今お伝えしてきた読む順番の説明を参考に、この本の中であなたにピッタリの場所から読み始めてみてください。

Message for You

あなたは今、どんな未来を思い描いているでしょうか？ 自由に未来を思い描いている時は、きっと楽しいし、ワクワクしますよね。

でも、「本当に叶うの？」そう疑問に思った瞬間、不安が襲ってくるかもしれません。見えない先を見ると、誰だって不安になりますよね…。


だけど、もし本気で人生を変えたいのだとしたら。

このままじゃいけない。そう思っているはずです。

変わるためには、今までの考え方を変えて、行動を起こすしかない。実際に動く覚悟を決めないと、何も起こせません。


でも、せっかくの人生なんだから。

思いっきり楽しむ方向に、舵を切っていきましょう。

PHASE TWO

フェーズ2

ビジネスの世界へようこそ!

お金はこの社会で遊ぶためのアイテム

ここからは物質社会のルールの中で十分に遊ぶために、まずは時間や場所、そしてお金から解放されたいと思った方に向けて、私が実践しているビジネスについてのお話をしていきます。これからビジネスを始めたいと思っている方はもちろん、ビジネスが気になる、興味が湧いたという段階の方、そしてビジネスを始めてみたものの、不安がある、もっと結果を出したい！と感じている方へ読んでいただきたい内容でもあります。

私にとってビジネスとは、遊びのツールのひとつであることをお伝えしました。私の人生や生活、そして考え方や価値観。そういう大きな舞台の中にあるひとつの表現ツールであり、遊び道具そのものでもあるわけです。

そしてもちろん、ビジネスはお金も生み出してくれます。

お金はこの物質社会で遊ぶためのアイテムのようなもの。アイテムを使って、本来かかるはずの時間を短縮したり、創造を形にしたりすることも可能です。とはいえ、あくまでビジネスはすべてではなく、無数にある遊びの中のひとつにすぎません。

数ある遊びの中で、なぜビジネスに夢中になっているかというと、遊び方が多様だからです。ひとつのゲームでたくさんの使い方ができるトランプみたいなものですね。ロールプレイングゲームのステージを次々クリアしていっている感覚のほうが、近いのかもしれません。

最初は確かに、私は単にお金を稼ぐことが目的でビジネスを始めました。でも取り組む中で、単に稼げるから面白いだけではなく、ゲーム要素にも惹かれていることに気づきました。達成感と表現したほうがきれいな言葉になるのですが、やっぱりゲーム的な感覚のほうがピンときます。

私や私の仲間たちと取り組んでいるビジネスは、負けないゲームです。

初期費用をふんだんに使って大きな組織や母体を作る事業の形とは違い、私がお伝えしているビジネス、私たちが行っているビジネスは、個人が小さく始められるビジネスです。資金もほとんどかけません。まったくかけないわけではなく、初期段階ではなるべく資金をかけないようにしていて、もし資金をかけたとしても、なくしても後悔しない額にとどめておきます。

そうすることで、大きな失敗はなくなります。「この事業に人生を懸ける!」なんて、そんなリスクが高いことは絶対しません。そうではなくて、ちょっとやってみてうまくいきそう、自分として楽しそうだったら続けていく。必要ならば資金も使ってスピードを早めたり、有利に進むようにしていく。でもあんまり旨みがないな、とか、収益化しそうだけど、やっていて楽しめないな、と思うのなら、あっさりやめてしまいます。

こんな風に大金を失わないという意味で、負けないゲームなんです。

ですが、まったく失敗しないかといえば、そうではありません。おそらく人と比べてもたくさん失敗しているんじゃないかなと思います。でもそれは、比較的小さな失敗です。すごい勢いで小さな失敗をして、そしてまた検証と実践を繰り返しているので、失敗を失敗だと思っていないんです。そればかりか、失敗も次にうまくいくようにするための材料のひとつにすぎません。

・・・どこかで聞いたことのある考え方ですね。

でも、これは本当なんです。小さな失敗は自分が次にうまく行うための材料であり、誰か次に同じところでつまずく人がいれば、その人のために役立つ材料にもなります。

自分の検証のためでもあり、それをその後誰かに伝えたり教えたりする材料にもできる。そう考えると、失敗は失敗でなくなります。失敗は自分と誰かのため、たくさんの役に立つ出来事になります。
そういう意味でも、やっぱり負けようがないゲームなんですよね、私たちのビジネスの形ならば。

一人ひとりがビジネスを持つ時代

私たちが作っているビジネスの形は、それぞれの事業によって違います。ですが、資金的な負担を初期の段階では最小限に抑える点、自分たちが楽しいかという点では、どの事業でも共通しています。

そしてもうひとつ、誰と組むかも重要です。やっぱり一緒にやっていて楽しい人、ある意味で信頼できる人、この人の役に立ちたいとお互い思える、尊重し合える相手でないと、一緒にビジネスはできないです。

この、誰と一緒にビジネスをするのかというお話は後述しようと思いますが、その前にひとつ、大事なお話をしておきます。

どんな形であれ、その規模が大きいものか小さいものかにかかわらず、これからの時代、一人ひとりがビジネスを持つ時代になると、私は考えています。

一人ひとりといっても、全員ではありません。自分で自分の人生をコントロールしようとする人に限った話です。

世の中は二極化の方向に進んでいるという話を聞いたことはありますか？

主に経済的な意味で使われています。持つ者と持たざる者、経済的に豊かな生活を送る者とそうではない者、食や趣味にお金をかけられる者とそうではない者…。ニュースやネットの情報で、触れたことがあるかもしれません。私は仕事柄、いろいろな方と新しく知り合う機会が多いので、特にこの二極化を肌身に感じる機会も多いような気がします。

もし、今からでもしっかり自分の人生をコントロールしたいと考えているなら、もしくはそれに向かって動き出そうと考えているなら。住む場所を好きに選び、時間に追われず、時間にとらわれず、そしてお金からも解放される。そんな人生を選ぶ側に進むこともできます。

ですが、もう片方、つまり自分の人生をコントロールしない人生を選ぶか、もしくはこれは自分とは関係ないと感じて、何も選ばないとしたなら。自分で自分の人生をコントロールできないことはもちろん、経済的に豊かになれない、望まない二極の対極側へ押しやられてしまいます。

どちらが良い、悪いではありません。主体的に生きることは、時には面倒だし、パワーが必要です。それを嫌だと思うなら、そのまま望まない二極の対極に進んだとしても、そちらに身を任せる。それもひとつの選ぶ道です。

私が一番問題だと感じているのは、今お話ししてきた情報に触れているにもかかわらず、自分で選ばない、あきらめてしまって、動こうとしないことなんです。そういう方の場合は、この本を読んでいただいても、直接私がお会いしてお話ししたとしても、お力になれないです。私があなたにお伝えしたいのは、自分で気づいて考えて、自分で選んで、自分で動くということが大切、ということなんです。

ひとつ言えるのは、気づいて動く人にとっては、最適な時代になっているということです。少し前の時代に馴染めなかった社会不適合者にとって、今は良い時代になったとお伝えしたのは、次の理由からです。

インターネットの発展によって、多くの情報は誰にでもアクセスできるものとなりました。何かを調べる際の時間もずいぶん短縮されました。知りたいことはすぐに自分で調べられます。以前は著名な方に限られたことでしたが、今はそうではないたくさんの方の考えを、直接会わなくても、知ることができるようになりました。

ビジネスも、とても身近なものになりました。以前は大量の資金とたくさんの人脈が必要でしたが、今はたったひとりで、お小遣い程度の小資金で始められるようになりました。

もはや、ビジネスは何か特別な才能を持った人たちのための特別なものではなく、誰にでも門戸の開かれた、覚悟を決めた人なら誰でも始められるものになっているのです。

そして、そのビジネスの作り方によっては、ちゃんと、場所、時間、そしてお金から解放された生き方ができます。

これは私が生み出した方法ではなく、これまで多くの方から学び、調べ、実践してわかったことです。すでに知られていた方法を、私は実践したにすぎません。

自分の人生をコントロールするためのビジネスを持つには、どうすればいいでしょうか？　そこに答えはありません。なぜなら、どんな人生を送りたいかによって、当然形は変わってくるからです。

例えば、インターネットを活用することで世界中どこにいてもビジネスができるし、しっかり仕組み化することで、自分が現場にいなくても回るようにできます。そうすると、好きな時に好きな場所にいることが可能となり、時間にとらわれずに済むようになります。満員電車や渋滞の道路を通勤する毎日がなくなり、明日のことを気にせず朝焼けを見に出かけ、ふらりと旅に出たり、仲間たちと遊びにふけったり。気持ちが乗った時に大好きな仕事をして、好きなだけ働く生活も手に入れることができます。

そして、あなたが夢中になれて、しかもしっかりと欲しい金額を稼ぐことができるビジネスの形や業種を選ぶことで、会社勤めでいただけるお給料では得られるはずがなかった金額も、手に入れられる可能性があります。どんな仕事でも同じように、ビジネスも最初から楽なことばかりではありませんが、それでも何十年も修行したり、長年昇給を待ったりする必要はなく、比較的早く、比較的大きな金額を手にできる可能性は十分に秘めています。どこまで手に入れたいのか次第で、働き方も変わってきます。それすら、自分で選ぶことが可能です。

日々、少し余裕をもって生活できるだけの金額があればいい。それなら仕事をセーブすればいいんです。ビジネス自体が生活の一部になっていたり、私のように最高の遊び道具だと思えたりするのであれば、辞める必要はまったくなく、定年もなく、休むことも休まないことも自分で決められます。

私にとってビジネスは、もはや生活と一体化してしまって、切り離して考えられないものになりました。こういう話をすると、働きっぱなしで大変だね、と思われることも少なくありません。でも私は、辞めろといわれるほうが苦痛で仕方ないのです。楽しい遊びに夢中になっている時に、それを中断しなければならない時の気持ちを想像してみてほしいのです。

生活の中でふと気づいたことが、次のビジネスのアイデアになる。仲間たちとざっくばらんに話していることが、学びになる。新しい人との出会いで、お互い新しい気づきを得る。今はそんな日々が私のビジネスの中心なので、辞めろと言われてもはや辞めようがないのです。

私の場合は、以前の仕事を辞め独立するまでにかかったのは二か月でした。それから目の前のビジネスに夢中になって取り組んできて、振り返るとあっという間に五年が経っていました。とても楽しかったし、ワクワクや驚きがたくさんありました。今、私はとても充実した楽しいこと満載の生活を過ごしています。そんな風に楽しいこと満載の日々を送ることで仕事になる、そんな働き方を手に入れられる。それが私にとってのビジネスです。

他にそういった働き方があるのかは今の私にはわかりません。今のこのスタイルに飽きたら、もしかしたら探し始めるのかもしれません。でも今のところは飽きそうにはないので、しばらくはこの道で、進化しながらどんどん進んでいきたいと思っています。

ビジネスの入口にようこそ

先にお詫びしたいことがあります。

ビジネスのお話をするといっても、きっとあなたがイメージしているような具体的な事例やノウハウ、手法を、私はここではお話ししません。

きっとがっかりしたと思います。そうだとしたら、本当に申し訳ありません…。

でも当然ですが、ここではお話ししない理由がちゃんとあります。

私はビジネスを始めた最初の一年は、たったひとり、ほとんど家に引きこもってありとあらゆるひとりでできるビジネス、お金のかからないビジネス、ネット環境があればできるビジネスについて調べ、実践していました。

傍から見れば手法が定まらず、迷っていただけです。実際私も、何をしていいのかわからず、途方に暮れていたこともありました。

私の場合は運よく、始めてすぐに以前いただいていたお給料程は稼ぎ始められたのですが、でもそれでは夢がありません。せっかくならもっと稼ぎたい、そして稼ぎ続けたい気持ちで、ありとあらゆるノウハウを探しまくりました。

このせいでひとつに絞れず、そこからもっと稼げるようになるまで、余計な時間をたくさん使いました。でも逆に考えるとそういった時期があったからこそ、今いろいろな手法をその方に合わせてお伝えできるので、結果的には良かったともいえます。

そしてたくさんの手法を取り入れ、実践する中で、困ったこともたくさん起きました。

みんな口をそろえて、「今度のこのノウハウは素晴らしい！」「このノウハウなら、初心者だって誰だって稼げる！」と言うんです。

そして私も、その言葉に乗っかってやってみるのですが…。なかなかそんなにおいしい話はないものです。確かに、稼げる方法もたくさんありました。そのおかげで私も稼いでいたわけです。でもほとんどの方法は、その時は稼げても、その後規制がかかってしまったり、状況、環境が変わり、稼げなくなってしまうものばかりでした。そもそも実践すら無理なノウハウさえありました。

そして、ビジネスに出会った頃に期待していたような金額を単体で稼ぎ出せるものには、なかなか出会えませんでした。

たくさんの稼げるといわれていた方法を実践する中で、ある重大なことに気づきました。

それは、『変わらないノウハウや手法はない』ということです。時代が移り変わればノウハウも変わるし、そのノウハウ自体、使えるか使えないかも変わります。完全なノウハウというものは存在しないのです。

つまり、結局ノウハウは表面にすぎない、ということです。そしてどんなノウハウでも、その表面から本質を学ぶことで、今度は逆に他のどんなノウハウも使いこなすことができるようになる、ということ。ひとつのノウハウをノウハウとしてしか消化しないのであれば、環境や状況が変わった時に、また新しいノウハウに手を出さなくてはならなくなるのです。

そうではなくて、稼ぐということの本質、ビジネスの本質、ビジネスに必要なスキルの本質さえ身につけることができれば、ノウハウはその本質を実践するための形にすぎなくなります。そして実践したり、自分で工夫したりすることで、より大きく、より早く稼げる方法を見つけられるんです。

そして何より、状況の変化に左右されず稼ぎ続けることができるし、何かに失敗して一文無しになってしまったとしても、そこからでもちゃんと稼ぎ始めることができます。

それが本来のビジネスの力なんです。

だから、ここでノウハウを語ること自体は、実は簡単なことなんです。でも、そうしてしまうと、仕様や規約、もっと大きな流れが変わってしまい、変更しなければならない可能性は大いにありますし、ノウハウ自体が使い物にならなくなる可能性も秘めています。そうした理由から、私はノウハウを伝える時は紙面ではなく、時代の流れや状況に沿って、都度更新可能な別の形でしかお伝えしたくないのです。

ビジネスの本質、原理原則。それを身につけて初めて、本当の意味でのビジネス力を手に入れることができます。そしてビジネスの本質、原理原則は、何かひとつのノウハウを実践しつつ身につけていくことができます。つまり稼ぎながら身につけていくことができるのです。またしっかりと本質に気づき、手に入れることができるようになると、どんなノウハウを実践しても、本質は同じで、ノウハウによってちょっとしたポイントが違うだけだということにも気づきます。

もしあなたがビジネスのノウハウをなにか実践してみたいと思ったら、前述の通りこの書籍ではご紹介できないので、別な形でいろいろなノウハウをお届けしていこうと画策中です。どうぞお楽しみに。詳しくは**おわりに**で。

逆に、いつまでたっても表面しか追わないでいると、いつまでたっても安心して稼ぐことはできないし、ビジネスを心から楽しむことは難しいでしょう。

そういう理由で、私はこの場では個々のノウハウについては触れません。もちろん日々、そういった情報も直接お伝えしたり、コンテンツとして提供したりもしています。ですが単なるノウハウなら、ネット上に山のように落ちています。自分で調べて学んだり実践したりすることも可能です。

でもここでは、それよりももっと大切なこと、ノウハウを通して学ぶべき本質的なことや、本質にたどり着くために必要なことについて、お伝えしていきたいと思います。

飛躍のための思考と方法

これから先、自分の力でしっかりと稼いでいくためのビジネス力をつけるためには、具体的にどんなスキルを習得しなければならないでしょうか?

実は、私はこの本を読める知識があるあなたなら、成功するために必要な基本スキルはすでに持っていると考えています。というのは、先ほどもお伝えしたように、ビジネスは何も特別なものではなく、身近にあって、日頃使っているスキルから成っているからです。

とはいえ、基本は基本。しっかりお金をいただくためには、それらのすでに持っている力をちゃんと昇華させて、ブラッシュアップしていく必要はあります。

ビジネスをしていくには、何か発明しろというわけでもなく、まったく新しい概念やテクニックを生み出さなければならないわけでもないのです。今まであなたが培ってきた基本スキルをビジネススキルまで昇華させる方法は、これまで多くの先人たちが作ってくれています。なので、それに沿って実践していけばいいだけです。

ビジネスで非常に大切で重要な基本スキルのひとつは、何といっても『コミュニケーションスキル』です。コミュニケーションスキルは伝える力、他者としっかり対話ができる力、相手を思いやることができる力。これがベースにあります。

単に対話といっても、とらえ方は人それぞれです。会話のキャッチボールが一度できれば対話だと考えている方もいるでしょうし、もっと心の深いところで話し合えないと対話だといえない、そう考えている方もいるかもしれません。

思いやりは対話よりもっと、人によってとらえ方が変わりそうです。誰に対する思いやりなのかでも、思いやりの質や表現方法は変わってきます。時には何もしないことが思いやりになるかもしれません。コミュニケーションといっても、考え方、感じ方、受け取り方は人それぞれ。それぞれみんな違った考えや方法を持っているし、その場面や場合によっても変わる、ということです。

また、発する言葉だけがコミュニケーションではありません。こうして書いている文章も、ＳＮＳやブログ、新聞や看板広告に書かれた文字も、すべて形を変えたコミュニケーションであるといえます。

そしてコミュニケーションはご存知の通り、文字や言葉だけではありません。非言語コミュニケーションといわれますが、声色や発する人の見た目、雰囲気、場の空気、気温や感じる温度、匂い。伝わるものはすべて、コミュニケーションの一部だと思いませんか?

コミュニケーションにはさまざまな形があって、そして考え方や感じ方、伝え方もみんな違うんだと知ることがスタートです。そう考えていくと、コミュニケーションに答えはありません。答えがないとはいえ、そのスキルを高めていく方法はたくさんあります。実践の中でも高めていくことは十分可能なので、完成されたコミュニケーションスキルを持って初めて稼げるのではないんです。

そうではなくて、スキルを習得しながら同時並行で稼いでいける。これがビジネスの魅力のひとつでもあります。もちろん私も、まだまだ毎日勉強中で、日々のコミュニケーションの中で、さらにそのコミュニケーション力を高めようと意識しています。

コミュニケーション力がビジネスのベースにあると知ることができたなら、ビジネスに必要なさまざまなスキルは、やはりコミュニケーションに基づいていると気づけます。そのひとつが『セールス力』です。セールス力とは、人を動かす力のことです。そのためには、相手のことを知り、人間心理を知り、脳の働きを知り、相手のことを考え、相手を思うことが必要です。言葉にすると難しそうですが、私たちは知らず知らずのうちに日常でセールス活動をしています。これは前述した通りです。友達を映画に誘ったり、居酒屋でドリンクを注文したりする時に「氷なしでお願いします。」と言うのでさえ、ある種のセールス活動です。

ビジネスで必要なセールス力は、いわば売り上げに直結する能力。セールスのないビジネスは考えられません。

それがどんな形であれ、どんなことを経由するのであれ、ビジネスごとに形を変えたセールス活動があるからこそ、その商品やサービスが欲しい人の元に届きます。逆に考えると、このセールス部分を自分ではない誰かに握られてしまうと、自分のビジネスを自分でコントロールできなくなります。安心して任せられる相手がいるのであれば話は別ですが、自分のビジネスをコントロールすることを考えると、やはりセールス力は身につけるべきスキルだといえます。

セールス力と並んで、どんなビジネスでも必ず必要になるのが、『集客力』です。集客力もまた、ベースはコミュニケーションです。

集客とは、知ってもらうことです。あなたが紹介したい商品や、よいサービスを必要としている方、今後必要となる方、欲しいと思ってくれる可能性がある方に、あなたという存在やその商品やサービスの存在、もしくはその商品やサービスに至るまでの一端を知ってもらうことが集客です。単に人を集めることだけをいうのではありません。誰かに知ってもらうこと。それにはやはり、伝える力であるコミュニケーション力が必要になります。

基本的には集客力とセールス力さえあれば、ビジネスは成り立ちます。その上で、ビジネスをスムーズに進めるスキルもあります。例えば、コミュニケーションをより効果的に、スムーズにするため言葉の力を高めるコピーライティングスキル。より価値のある商品やサービスを作り上げるための企画力。そして商品力などがそれに当たります。

インターネットが当たり前になり情報が溢れている現在は、必要な情報を集め、取捨選択する情報収集能力や検索能力、情報精査能力と、自分の目的のために情報を使えるものとするための知識化スキルを培っていくと、ビジネスに大きな成果をもたらします。これらのスキルも、考えようによってはコミュニケーションの一部だといえます。

例えば、企画力というスキル。企画を考えるあなたからすれば、そもそもその企画は、誰かのためのものです。誰かに何かを提供するために企画があるわけで、相手の存在しない企画はあり得ません。企画を通してあなたと相手の間でコミュニケーションが行われているわけです。他にも知識化というスキル。情報を伝えている人がいて、受け取っているあなたがいる。その情報を知識に変えて、また誰かの役に立てる。こうして情報の伝達者と受け手側でコミュニケーションが行われています。

コミュニケーションが多種多様なように、人の価値観、存在そのものも多様です。人と違うことにも十分価値があるので、自分の考え方や価値観を伝えていくスキル、それ以前に自分の中にある価値に気づくスキルもあると、強みになります。自分そのものがビジネスの材料として使えるようになるからです。

ビジネスにおけるあらゆるスキルのベースになっている、非常に重要なコミュニケーションスキル。このコミュニケーションスキルと同様、重要で大切なスキルが他にもあります。それは、『考えること』です。頭の使い方といってもいいかもしれません。

ですが、考えたくてもうまく考えられない。つまり頭の使い方がよくわかっていない場合も実際は多いようです。たくさんの方に会い、お話を聞いていて、そう感じています。その原因のひとつは、考えるということがスキルであることを知らないためです。考えるためには考えるというスキルが必要で、そのスキルは残念ながら学校では教えてもらえません。

実際はまったく教わっていないのではないんです。例えば、学校で教わる数学で、数式の解き方は教わります。だけど、そもそもその数式の意味とか、概念をしっかり教わらないから、応用が効かない、実社会での活かし方がわからないままになってしまうんです。これをビジネスに置き換えると、たくさんのノウハウは教わるんだけど、そもそものノウハウの本質って何?というところまで教えてもらえないので、応用が効かず、ビジネスの場での活かし方がわからないという状態なんです。

たくさんのことを学ぶうち、自然と考えるスキルが身につく人がいる一方で、考えるということを考えたことがなく、自分がどうやって考えているのかわからないので、せっかく学んだことが身につかないという人がいることもよくあることなんです。これは誰が悪いということでもなければ、単に頭が悪い…ということでもありません。考え方を知り、知ったその考え方を身につけていきさえすれば、しっかり考えられるようになります。そうすると、例えばコミュニケーションをもっとうまく行うにはどうすればいいか？という考えにたどり着くようになったり、自分のコミュニケーション力を高めるには、他にどんな知識が必要かを考えられるようになったりしてきます。

このように、考えるということはスキルのひとつなのですが、そもそもその考えるスキルはどうすれば鍛えることができるのでしょうか？　ここでビジネスに活かすための考えるスキルの身につけ方について、少しだけお伝えしておきます。

【考える力の鍛え方】

■あらゆる物事を自分事としてとらえてみる

生活していくと、毎日ありとあらゆる出来事が起こります。自分の周りもそうですし、自分の周り以外でも、常に何かが起こっています。いろいろな出来事が起こっていたとしても、自分だけの視野の中にいると、気づくことが少なくなってしまいます。自分に関係のないことでも、自分事のようにとらえて考えてみる。その視点があれば、考える機会が圧倒的に増えますし、普段から身近ではないことにまで思考を巡らせることができます。

■視点を変えてみる

自分のことに置き換えて考えられるようになると、今度は自分以外の誰かだったらどうか?と考えてみます。他者の視点を持つということですね。身近な人でもいいし、まったく関係のない人、想像でもいいので、自分の視点から離れて同じことについて考えるようにします。これも、考える機会が圧倒的に増す方法です。

■なぜ?を繰り返す

考えることを平面的に続けていても思考は深まりません。そこで、ひとつ答えが出ても、「なぜ?」と繰り返し立体的に考えるようにします。そうすることで思考を深めることができ、見つかったひとつの答えにとらわれることなく、また新しく発想が生まれることもあります。

■関連している情報にはすべてアンテナを張る

何か知りたいこと、学びたいことがあった時は、ストレートにそのことだけを学び、取り入れていたのでは、知識を体系的に得たり、パターンを考えたりすることにつながりにくくなります。そこで、関連していると思われる情報にはすべてアンテナを張る気持ちを持ってみます。もしできるなら、一見関連していないと思えるようなことでも、関連づけてみると面白い発想が浮かびやすくなります。

■思い込みに気づく、常識を疑う

自分が思い込んでいることは何か？　常識だと思われていることは本当なのか？　それは誰にとっての常識なのか？　このように、今まで自分が信じていたことを疑ってみます。科学で新しい定説が生まれるように、もしかしたら今あなたが信じている多くのことは、間違っていることなのかもしれません。また自分が思い込んでいることに気づけるようになると、事実と感情を切り離して冷静にジャッジできるようになります。

考える力の鍛え方を五つほどご紹介してきました。まずはこの五つから考えるスキルを鍛え始めてみましょう。ぜひ取り組んでみてくださいね。

基準値を変える

考えるスキルを得られると、日常が学びの場に変わります。どんな時も、どんなことがあっても、それがあなたを成長につなげる出来事に変わってきます。これまで当たり前のように目の前を通り過ぎていったことたちが、あなたにとって考えるべき事象に変わることで、日々頭がフル回転になり、とっても忙しくなるかもしれませんし、疲れてしまうかもしれません。でも、それも慣れますし、考えることが自然とできるようになると、そちらがデフォルトになって気にならなくなってきます。

傍から見て、「あなたはいつも頑張っているね」「いつも大変そうだね…」と言われることが増えていくと思いますが、あなたにとっては当たり前のことで、頑張っている気も大変な気持ちもほとんど感じないでしょう。いわゆるできる人というのは、実はこういうことなんです。つまり、基準そのものが違うんです。周りの人にとっては頑張っている基準に該当することが、普通のことになるんです。大変だと思われてしまうことが、当たり前のことになるんです。だからできる人は、できる人なんです。日々の意識が違うから、違いが生まれます。

「これだけ頑張ったから、できる人になれる」ではないんですね。瞬発的ではなく、日々の継続が違いをもたらしているので、日常を変えることでしかできる人に追いつく方法はありません。日々を学びにしている人は、意識の持ち方が違うわけですが、例えば稼ぐということの意識も違います。楽して稼ぐためには、どんな努力も惜しまないし、考えることを止めない。一見、矛盾しているように聞こえるかもしれません。楽するために努力する。楽するために全力で考える。それは決して楽なことではないはずです。

でもそれは、楽するために避けては通れない道なんです。そしてその道を通るために努力が必要だとしたら、できる人というのは、それをそもそも努力とは感じません。できる人にとっては当たり前のこと、当たり前の基準なんです。できる人は楽するために、全力で考え実行することに楽しさを覚えます。簡単すぎるゲームをするのは、退屈なことだしすぐに飽きてしまいますよね？　ゲームはちょっと困難だから、クリアした時の楽しさや嬉しさがひとしおなのです。

やらなければならないことをしているのではなく、楽しいからしている。だから日々学べるし、努力もし続けられます。その努力は、傍から見れば努力ですが、やっている本人には楽しいこと、乗り越えていきたいこととしか感じられないのです。

日常から常に学んでいるできる人にとって、その日常こそが学びの場です。そしてその日常の中に仕事、ビジネスがあります。だから当然ですが、ビジネスからも、できる人は学び続けています。日々を丁寧に生きている、という表現が近いかもしれません。日々起こる一つひとつのことで、しっかり学んでいるんです。

でもそれは、勉強しているのとはちょっとニュアンスが違います。多くの方がビジネスに取り組む前に勘違いしていることなんですが、勉強しても実は、稼げるようになりません。逆に勉強することで、遠回りしてしまうことも多いんです。どういうことでしょうか?

確かに、必要な知識のベースを作っていくことも、基礎基本、原理原則を学ぶことも必要です。でもそれらは、実践の中で培っていくものであり、勉強が終わってから、次にビジネスに取り組む、ということではないんです。

「自分はまだ知識がないからできない」

「自分はまだ初心者だからやってはいけない」
「自分はまだそちら側には行けない」

これらはすべて思い込みです。

ビジネスに関わるスキルや能力は、実践の中で学び、学びながら稼ぎ、稼ぎながら学んでいくことができますし、それが結果として一番効率がいいんです。実践するから、自分に足りないものを見つけることができる。見つけたら、そこで取り入れていけばいい。でも実践が伴わないと、常に机上の空論を追いかけ続けることになってしまいます。

そして学んだことはすぐに使っていかないと、本当に身につけることはできません。忘れてしまうし、自分のものにはなりません。情報を知識化するのと一緒で、知識にしたものは実践できるスキルにしていかなくては意味がありませんよね。

実践しながら考え、学び、身につけ、足りないこと、これから学ぶべきことを知り、また実践していく。このループをしっかり習慣にしていってください。

最初の一歩の歩み方

ビジネスを始めると、たくさんの知らなかったことや、新しい知識に触れ、やることもたくさん出てきます。当然ですが、そう簡単に「事」は運ばないと感じるでしょう。

これはビジネスに限ったことではなく、どんなことでも一緒ですよね。面白いゲームに出会い、新たに始めようとしている時、ゲームが複雑だとルールも複雑になりがちですから、ルールを覚えるのですら大変です。ですが、似たゲームに挑戦したことがあれば、その知識を使ったり、経験からわかったりすることも増えていきます。遊びだけではなく、仕事も同じですよね。まったく新しく取り組む仕事は、やはりわからないことが多いものです。

そもそもビジネスは、答えがあるものではありません。だから取り組むことや今何をすべきかも自分で考え、決めていかなくてはなりません。会社勤めなら上司の方があなたのすべき仕事を指示してくれます。それがその上司の仕事だからです。でもビジネスでは、あなたがあなたに指示を出し、あなたが実践する中で、答えを掴み取っていきます。特にひとりで始める場合はそうです。だからこそ、あなたに真の稼ぐ力が付き、その分天井なく稼ぐこともできるのですが。

ひとりでビジネスを始めるとしたら、大きく分けて二通りあります。ひとつめは、自分で何かしらのノウハウを見つけ、ひとまずさわりだけでも取り組んでみる方法です。そのノウハウが自分に合っているとか、面白い、続けたら稼げそうと思ったら、続けてみればいいのです。続ける際、より早く結果を出したいのであれば、そのノウハウですでに結果を出している方を見つけ、教わるのが早いです。自分で何かしらのノウハウを見つける以外にも、ビジネス上で信頼できる相手がいるなら、あなたに合ったノウハウ、あなたの望みを叶えてくれるノウハウに、どんなものがあるかを聞いてみるのもいいですね。そして、教えてもらったその方法を実践してみる。要は、何かしらのノウハウに取り組んでみる。これがビジネスを始める、ひとつめの方法です。

もうひとつは、今のあなたが持っている知識、スキルをビジネスにする方法です。よくいわれる、『好きを仕事にする』をイメージするとわかりやすいかもしれません。大きく分けると、ひとりで始めるビジネスとしては、主にこの二通りです。

多くの方にとってビジネスのイメージといえば、この二つめの方法である『好きを仕事にする』を想像するのではないでしょうか。自分が持っているものをビジネスにする。この方法でうまくいっている人はたくさんいますし、私の周りでもいます。でも、うまくいっているから目立つのであって、当然うまくいかない人もたくさんいます。

この二つめの方法がうまくいかない理由の一つは、知識やスキルが、人に求められ提供することでビジネスになりうる、『ビジネス基準』に達していないというものです。また他の理由としては、知識やスキルがビジネス基準に達していても、ビジネスに関する知識やスキルが足りていない状態で、自分が持っている狭い視野の中だけで、ビジネスという未知の世界を考えてしまっているというものです。そういう状態でも、知識やスキルがビジネス基準に達していれば、ビジネス知識やビジネススキルの高い方と一緒に仕事をすることで、ビジネスがうまくいく場合もあります。ですが、一緒に組んで仕事をする相手の力量を判断する際には、やはりある程度はビジネス知識やビジネススキルが必要になってきます。こういったことが前提にあるので、二つめの方法はうまくいかないことが多いのです。

今ある自分の知識やスキル、そこから出てきたアイデアに酔ってしまうと、うまくいくと思い込み、しっかり下調べをせず始めてしまう、もしくはいつか自分の才能をわかって支援してくれる人が現れて実現の手助けをしてくれそうだと考えてしまうかもしれません。そのビジネスが思い込みではなく、現実的にうまくいけばいうことはないのですが…。でもそれは、自分だけの狭い世界の中だけで考えていて、世界に向かって考えを広げているわけではないのです。

ビジネスの全体設計が見えず、ビジネスの基本もわからないまま、今の視野の中や今の自分の持っているものだけで、これから作っていくビジネスを考えてしまうのは危険だと思いませんか？　それは例えば、珍しい食材が手に入った時に、その食材を使って食べたこともない料理をいきなり作り始めてしまうようなものです。珍しい食材があるのだから、とにかく走り出してみればなんとなく料理が完成するだろう。そんな気持ちで自分の時間やスキル、そしてお金を投資することは、冷静になれば危険だと気づくのではないでしょうか。

私は好きをビジネスにすることを批判しているわけではありません。自分の好きなことをビジネスにするのは、素晴らしいことですし、嬉しいことです。好きなこと、得意なことはどんどん使っていくべきです。でもその前に必要なのは、やっぱりビジネスの基本やビジネスとして稼いでいく力です。なんでもかんでもビジネスになるわけではないし、それが本当にビジネスになるのかという問題はもちろん、好きなことだけやればいいのかというと、当然そんなことはありません。仕事ですから、その中にやりたくないこと、苦手なこともあるかもしれません。そしてもちろん、稼げなくてはビジネスとはいえませんし、せっかく好きなことをビジネスにできたとしても、稼げなければ続けていくことは難しくなります。逆に、思ってもみなかったこと、不可能だと思っていたことが案外ビジネス向きかもしれないこともあります。そんなビジネスに出会った時は、ビジネスがとても面白いと感じる瞬間でもありますし、とてもワクワクします。

もし『好きを仕事にする』方向でビジネスを考えたいのなら、まずは、その自分の好きなことや知識、スキルがビジネスになるレベルなのかどうかを、しかるべき人にジャッジしてもらってください。仮にそれがビジネスの基準に達していないのなら、基準に達するまでレベルアップさせればいいのです。でももしかしたら、趣味にとどめておきたいとか、そもそもレベルアップさせるのが難しいかもしれません。そんな場合は、あなたの中に他に使えるスキルや知識がないか探してみてください。ビジネスになるなんて思いもよらなかったことが、専門家から見たり客観的にとらえたりすることで、実はビジネスの種になるかもしれません。

あなたにとっての好きなことをビジネスにしてうまくいくのか？　自分の中で見つけたものがビジネスになるのか？　その判断は、やはりビジネスがしっかりわかっている人、実践できて、設計できる人にしか判断できません。だから、そこはそういう人に手伝っていただいて、しっかり判断してもらうしか方法はないのです。

例えば私のコンサルティングの現場では、私が直接お会いしてお話を伺い、その方に合わせて一緒に考えたり、実践しながら考えていただいたりしています。そのため提案する形はひとつではありませんし、実際は特殊なスキルや商品化できる知識を持っていても、それがビジネスになると想像すらしていない場合も多いです。そんな中からスキルや特性を掘り起こし、ビジネスの方向性を一緒に考えて決め、それを個々に合わせてやりやすいようにカスタマイズしていきます。

そんな風に探してみたものの、今はまだビジネスになるものを持っていなかったとしたら。そんな時は、ひとつめの方法である、お金をなるべくかけずに始められる何かしらのノウハウを実践してみてください。そこからビジネスの種や、好きだと感じられるものを作っていけばいいのです。まずは小さく始めてみる。この方法が、ひとりでできるビジネスを始める上で一番リスクが低く、また成功するアイデアや特別なスキルが今はなくゼロからビジネスをスタートするとしても、誰でも稼ぐことができる可能性の高い方法です。

あなたが稼ぐために、そして稼いでからどう生きていくのか、どんなライフスタイルを送っていくのか、その理想を叶えるためには、しっかり道筋立ててビジネスをしていくことが必要です。その第一歩は、とりあえず動いてみることです。小さな覚悟をして、実際に小さくても一歩を踏み出してみてください。大きな一歩でない限り、大きな失敗はしないので安心して一歩を踏み出してみてください。

それは誰か成功していそうな人に会ってみることでも、インターネットで情報を探してみることでも、本を買って読んで実践してみることでも、なんでもいいんです。例えあなたが何か素晴らしいアイデアを持っていたとしても、行動して実践に移さないとそのアイデアは世の中に存在しないのと同じです。ビジネスを始めてみる、もう少し詳しく知りたくて調べてみる。せっかく気持ちを持っていても動いてみないとしたら、やっぱり世の中には存在していないんです。

とりあえずやってみる。これが可能なのは、小さく始められるからです。

ノウハウの選び方

さて、ビジネスを実践するからには、やはり何かに基づいて進めていく必要があります。そこで必要となるのが『ノウハウ』です。

ビジネスで結果を出し、お金はもちろん、時間や場所の自由を手に入れようと思えば、第一歩は実践ですし、二歩目も三歩目もやはり実践です。繰り返しになりますが、実践しながら学び、身につけ続けていくことこそが、ビジネスで結果を出す上で必須です。

前述した通り、この本では特定のノウハウの具体的な実践方法はご紹介しませんが、選び方のアドバイスとして、避けたほうがよいノウハウをお伝えしておきます。

■避けたほうがよいノウハウ

1．即金性を謳っているノウハウ
2．何もせず稼げると謳っているノウハウ
3．人に任せて稼ぐことがメインのノウハウ

ノウハウはその時々でどんどん移り変わっていきます。ですので、即金性を高らかに謳っているものや、何もせずに稼げるとか、人に任せて稼ぐなどをメインにしたノウハウでは、今後につながっていきにくいので、避けることをお勧めします。

例えば、即金を謳っているものは、実際そんな風に稼げないことが多いのですが、もし百歩譲って本当に稼げたとしても、継続的なノウハウではない可能性が限りなく高いです。すぐに稼げるということは、規約や法の隙間を狙ったものがほとんどなので、すぐに稼げなくなってしまうのです。それでは、ビジネスの本質を学ぶ前に使えなくなってしまいます。結局、時間を無駄にしてしまっては、長い目で見ると意味がありません。

今ご紹介した三つ以外であれば、基本的にはノウハウの種類は問いません。ただ、長く継続して稼ぐ力を得たいのであれば、マーケティングスキルが身につくものがおすすめです。

マーケティングスキルとは、前述した集客やセールスの力や、それに付随する企画力、コピーライティング力など、販促に関するスキル全般を指します。特に集客力とセールス力は身につけておくと損しないばかりか、ひとりで生きていくくらいの収入を得ることが十分可能になります。ですので、なるべく集客とセールスを自分で行うノウハウ、もしくはどちらか、または直接的でなくてもその二つのスキルにつながっていくものが望ましいです。

例えば、私が最初に行ったアフィリエイトというノウハウは、アフィリエイトの中にもたくさん種類があるとはいえ、基本的なインターネットで行う集客、セールスはもちろん、企画力やコピーライティングスキルも身につくノウハウでした。また今私たちの組織がメインでお伝えしている売り込まない営業スキルも、オフラインで行うアフィリエイトみたいなもので、やはり集客力とセールス力が身につきます。

他にも私がやってきたこと、教えていることでは、サイト（ホームページ）を作ったり、借りたりして、そこに検索エンジンやSNSから集客し、自分の商品やサービス、他社のサービスや商品を販売していくノウハウもあります。売りたいものがどんなものかにもよるのですが、基本的には集客力、セールス力や企画力、ビジネス設計力が身についていきます。

また、例えばエステの技術を持っている方が集客のノウハウを学べば、自分でお客様を集めていくことができます。カウンセラー資格を持つ方がセールススキルと企画力を身につければ、カウンセリングを発展させたサービスを販売できるようになり、顧客単価のアップや、継続的にお金をいただくことも可能です。

ゼロから始めるのか、すでに持っているスキルと組み合わせていくのかでも、必要なノウハウは変わってきます。また、インターネットだけでビジネスを行うのか、オフラインを絡めるのかでも、どんなノウハウを使えばいいのかが変わります。

このように、あなたが選ぶノウハウ次第では、ビジネスのスキルとして重要な集客力、セールス力のみならず、トータル的なマーケティングスキルを身につけることもできるのです。

今は、インターネットをビジネスに活用しないことは考えられないほど、インターネットは便利ですし、そこにあるのが当たり前なほどに身近なものです。ですがもちろん、インターネットにも欠点はあります。インターネットだけでビジネスを実践すると、例えば副業や兼業を行う場合や、時間的に制約がある場合、空いている時間を活用することができます。一方で、成果が表れるまでにどうしても時間がかかってしまいがちです。

それは、インターネットを使う上で仕方のないことです。インターネットでビジネスを行う場合、そこに情報が山のようにあり、利用する側はその山のような情報から、あなたを見つけなくてはなりません。多くの人に見つけてもらえるようになるまで、インターネットは時間を要します。

時間を短縮する方法もあります。その方法のひとつは、『広告を出稿する』ことです。時間をお金で買う感覚です。もうひとつ、『オフラインを絡める』ことも有効です。

オフラインを絡めるというのは、例えばお客様と直接会える場を作るということです。インターネットを使うと、あなたの一回の発信を、何十人、何百人、もしくは何千、何万という人が見てくれる可能性が出てきます。対して直接会う場合は最初は一対一や少人数の場合が多いです。数百人の人と一堂に会すには、やはり時間がかかるので、ここでは少人数を考えます。

人数が減るのになぜスピードが上がるかというと、いくつか理由があるのですが、簡単にいうと信頼関係の構築とセールスが比較的簡単になるからです。インターネット上で、知らない誰かの発信を、あなたはどれだけ信頼するでしょうか？　まったく知らない人なら、受け取ることもしないかもしれません。ですが、もしなんらかのきっかけがあって発信や投稿を継続的に受け取り続けたとしたら、信頼関係が生まれていきます。あなたが直接会ったことのある人と、どちらに親近感がわきますか？少しの写真の情報に加え、文字情報のみの発信を一か月受け取っている状態の方と、一度直接会ってお話ししたことがある方、どちらが知り合いだと思えますか？　ほとんどの方が直接会った方だと答えるのではないでしょうか。

さらに深い信頼までするとなると、またハードルが上がります。インターネット上での付き合いは、直接会わない分それだけ薄いものになるので、継続して情報を受け取ってくれるというだけでもかなりハードルが高いのが現実です。深い信頼関係が築けないと、セールスの壁も容易に超えることはできません。その信頼関係は人だけでなく商品やサービスへの信頼にもよりますが、信頼していないものを購入することは基本的にはあり得ないことですよね？

また、商品やサービスを信頼していたとしても、売っている人が信頼できない人であれば、購入を見送ってしまう可能性が高いです。例えば、買い物に行って欲しい服を見つけたとします。でもその服を勧めてくれた店員さんをなんとなく嫌だと思ってしまい、購入を見送った経験はないでしょうか？

どうしても必要だったり、そこでしか買えないものや、急いでいる場合など、人の好き嫌いなど言ってられないこともあるかもしれません。でも、この人だから買いたいと思う気持ちや、この人だから買いたくないと思う気持ちは、誰しも多かれ少なかれ持つものです。それがインターネット上であれば、気に入らなければすぐに他の販売サイトや類似商品を探すことができます。

こういった理由から、信頼関係が築けないと、商品やサービスの販売は難しくなります。逆に言えば、オフラインで直接会う場合のほうが、インターネットを介して直接会わない場合よりも、相対的に信頼関係は築きやすく、インターネットだけでビジネスを展開するほうが実は時間がかかるのです。

とはいえ、もちろんオフラインビジネスにも欠点はあります。初動のスピードは早いのですが、お伝えした通り、インターネットのほうが一度にたくさんの方にアプローチすることが可能ですし、また日本、時には世界中に対してアプローチすることもできます。オフラインだとそうはいきません。また、インターネットで例えばブログを作った場合、あなたが寝ている場合も、そのブログは眠らず、訪れてくれた人たちに情報を発信し続けます。そういう数や労力のレバレッジ、場所のレバレッジ、そして時間のレバレッジが利くのは、やはりインターネットならではです。

基本的には、オンラインとオフラインでは平均単価も異なります。インターネット上では、情報がたくさん溢れているので、どうしても価格競争になりがちです。また潜在的に、インターネットの情報だけで高額なものを購入するには抵抗がある場合が多いです。よく知った商品やサービスでない限り、一般的にはなかなか手を出せません。ですので、深い信頼関係構築以前に比較的高額なものを販売する場合は、基本的にはオフラインのほうが適しているといえます。

インターネットだけで行うビジネス、オフラインも絡めるビジネスなど、ビジネスの形はさまざまですし、どちらもそれぞれ特徴があります。そして基本的なノウハウというものも確かに存在します。でも結局は、ビジネスの数だけノウハウが生まれ、時間の移り変わりとともにそのノウハウ自体も進化していくので、固定のノウハウを実践しただけでは対応していくのは難しいのです。

そこで、ビジネスを学ぶためのノウハウ実践には、大きなポイントが出てきます。それは、まずは『三か月、長くて半年で濃縮してノウハウを実践する』ということです。半年である程度結果を出さなければ、その後結果を出していくのは難しくなると思ってください。ずっと結果が出せないということではなくて、またゼロベースに戻る可能性があるということです。

というのは、ノウハウがそれだけ移り変わっていくからです。せっかく実践し、何かをつかみかけたとしても、流れが変わってそのノウハウの有効性が薄れたり、そもそも使えなくなったりしてしまえば、また一からやり直しになるかもしれません。だからこそ、三か月から半年でそのノウハウを通して、原理原則部分、本質部分をつかみ取ろうとしてください。完全につかめなくても、その一端がなんとなく見えれば、そのノウハウが変わってしまったとして、他のノウハウの実践に移っても、再スタートにはなりにくいです。

逆にいえば、その半年や早ければ三か月で、人生が大きく変わっていくのを実感することもできるということです。一般的な勤めで行う仕事では、なかなか味わえない体験なのではないでしょうか？自分で稼ぐ力が身についていくのを感じる。このまま続ければ大きなスキルが手に入りそうだと実感できる。それが三か月、半年でわかるとしたら、他の仕事ではありえないスピードですよね。もちろんこれは、すべての人が三か月や半年で必ずうまくいく、ということではありません。三か月から半年で人生を変える気持ちで取り組むほうが、結果うまくいく人が多い傾向があるということです。

ただし、その意識があったとしても、まだ変化が現れない場合もあります。実際にあなたが変化しても、現象として実際に変化が現れるにはタイムラグがあるからです。澄んだ湖に水を一滴落とした時、その水面に落ちた水滴の波紋が広がっていくのに似ています。落ちた場所からその波紋が広がっていくには時間がかかります。つまり、タイムラグがあるのです。このタイムラグはどうしても仕方ないことなのですが、心の中がしっかり変わっていれば、ちゃんと現象としても変化が出てきますので、安心してください。

誰から学ぶと早い？

ノウハウは、インターネットの発展により、世の中に山のように溢れるようになりました。ノウハウが無料化する。そういわれるようになって、ずいぶん経ちました。現に今、無料で手に入るノウハウはたくさんあります。

まずは無料ノウハウを手に入れて、気になるものから試してみるのもひとつのスタートの方法です。一方で、有料で教わる方法もあります。無料と有料とではどう違うのでしょうか？

私はビジネスを知った最初の一年は、ほとんど家に引きこもってビジネスに明け暮れていました。調べ、実践し、検証し、また調べ、実践し…。ひたすらそれを繰り返していました。

たくさんのことを調べ、たくさんのことを知り、新しい未知の世界にどんどん惹かれていったのですが、ひとつだけ気づくのが遅かったことがあります。それは、しかるべき人にしっかり教わったほうが圧倒的に早いということです。

ビジネスを始めて一年の間、有料の教材を買って、教材販売者の方にメールで問い合わせたり、セミナーに参加したりといったアクションは起こしていました。でも、基本は自分で調べ、自分で考え、実践すること。しっかりと誰かから教わることはしませんでした。しなかったのには理由があります。

教わるほうが早いということを知らなかったのです。

そしてちょうど一年経った頃、私は私にビジネスを教えてくれた先生と出会いました。出会った、といっても、私が実践していたのはインターネットだけで行うビジネス。出会いもインターネット上で、教わるのもメールを通して。直接会う機会は限られていました。

その先生以外にも、私はその頃からたくさんの方に教わるようになりました。初めてセミナーに参加させてもらった方もそうですし、スカイプでのやりとりから、セミナー講師を依頼してくださった方、そしてそのセミナーを一緒に主催してくださった方等々…。

みなさん、とても著名な方ばかりです。私が教わった後でとても有名になった方もいらっしゃいます。今でもずっと尊敬している起業家さんたちです。

そして、教わることのスピード感、教わることで幅が圧倒的に広がるのを感じました。

要は、私は最初の一年は自分自身でビジネスをやった気になっていて、当初の自分が手を伸ばして届く範囲の知識の中でしか、新しい知識を得ていなかったのです。つまり、自分が手を伸ばして届く範囲の知識にしか、出会えない状況を自分で作っていました。教わるということは、自分のその当時の知識では思いつかないような、手が届く範囲の向こう側から知識や考え方を持ってきてもらえるということでもあります。

しっかり教わるようになって、私のビジネスはそれまででは考えられなかったスピードで進むようになりました。また、ビジネス自体の幅もどんどん広がるようになりました。

もちろん、誰かに教わるということは、自分の代わりにやってもらえるわけではありません。教わっている以上、教えてくださっている方に応えるためにも、人一倍考え、人一倍早く実践し、人一倍の結果を出すことに夢中になっていました。それが私の考える、一番の感謝の表し方だったからです。

そのおかげで、ビジネスを教わる関係だった方と一緒にビジネスをする機会にも恵まれました。私の今の最大のビジネスパートナーも、販売された教材を購入したのが最初のきっかけでした。その方以外にも、今一緒にビジネスをしている方が数名います。中には、ずっと存在を知っていて、あこがれていた遠い存在だったある起業家の方とも直接お会いすることができ、一緒にビジネスする機会にも恵まれました。

ビジネスで早く結果を出すためのひとつの方法は、『上から引っ張り上げてもらうこと』です。どういうことかお話ししていきますね。

何度もお伝えしている通り、ノウハウや実践方法はすでに存在しているものですし、ビジネスに必要な考え方というのも、すでに先人たちが考えてくれているのです。もちろん、新しい時代、新しい環境に合わせて変わっていく部分はあります。あるのですが、それは表面的なことなんです。根っこは変わらない。だからその根っこの考え方は、すでにできている人、すでに成功している人から手に入れるのが一番早いのです。

そういったノウハウや実践方法、変わらない根っこを手に入れる手段として、彼らから学ぶという方法があります。さらに、もっと強力な方法として、引っ張り上げてもらうということが挙げられます。引っ張り上げてもらうというのは、例えば一緒にビジネスをしたり、プロデュースしてもらったり、協力してもらったりすることをいいます。

すでに成功している人たちは、常に新しい人材を探しています。輝いている種を見つけること、つまりビジネスでの新人探しは、すでにビジネスが軌道に乗っていて余裕のある方にとっては、本当に面白い、ワクワクすることなんです。

引っ張り上げてもらうというのは、教わるよりももっと実践的で、刺激的です。傍から見ていた観客がいきなり手を取られ、舞台に上がり、演者のひとりになるような感覚です。

見て学ぶより一緒の舞台に上がったほうが、圧倒的に身につくのが早いですよね。確かに緊張するかもしれないし、失敗が怖いかもしれない。でも、周りは舞台のプロたち。ちゃんとその役を果たす気概さえあれば、しっかりフォローもしてくれます。

だからといって、誰でも引っ張り上げてもらえるわけではありません。例えば、「自分は何もできません。だからあなたがなんとかしてください」という気持ちでいても、誰も引っ張り上げようとは思いません。ビジネスの世界は、お金を直接いただく世界です。そんな考えでは、引っ張り上げてもらえないばかりか、ビジネスでお金を稼ぐ資格さえないと私は考えています。

なぜ私が幸運にも、たくさんの方の力を借りられ、たくさんの方に引っ張り上げてもらえたかといえば、その人のために何ができるかを考えてきたからです。引っ張り上げてもらって良かった、良かった。それで終わりではないんです。引っ張り上げてもらうからには、引っ張り上げる側に心から「この人を引っ張り上げてよかった！」と思ってもらえるよう行動すべきです。

もちろん、引っ張り上げてもらえてラッキー。正直、私にもそう思う気持ちはありました。でもそれ以上に、やっぱりその方たちの役に立ちたい気持ちが大きかったんです。だってそのほうが、それからの関係も続くじゃないですか。…やっぱりちょっと邪な気持ちもありますね。

今、引っ張り上げる側になれて思うのは、これからビジネスをしようと考えている人や、ビジネスを頑張っている人には、私をうまく利用してほしいな、ということです。利用する、というと人聞きが悪いですが、正直、そう思っています。

ビジネスは、例えばそれがインターネットしか使っていないビジネスの形だとしても、ベースにあるのは人と人なんです。人が関わらなくては、ビジネスはあり得ないのです。

だからこそ、私をうまく利用してほしいと思うんです。これからビジネスで成功を手にしたいならば、それくらいの気持ちを持って、どんどん上がってきてほしい。それがたとえ邪な気持ちでもいいんです。だって誰でも、お金が稼ぎたくてビジネスしているはずなんです。ある程度のお金があったほうが、人生が自由になります。だからビジネスをしている。もちろんそれだけではないんですが、そこは外せないわけです。

そのために、うまく私を利用できるというのなら、しっかり利用してほしい。今はそんな気持ちです。そしてやっぱり私は、利用されるのが好きなんです。

ただし、利用されるのが好きとはいっても、いくつか条件はあります。

■条件1：お互いを尊重できるかどうか

利用してくれて嬉しい。そう思える条件のひとつは、相手が誰かによります。利用して陥れてやろうという行き過ぎた気持ちの人は、残念ながらそれが見えてしまいます。そして当然ですが、どこの誰かも知らない人が、いきなり「利用してやろう」と近づいてきても、私は警戒してしまうでしょう。

関係性があってこそです。そしてお互い人柄を認めているとか、魅力や可能性を感じているとか、気が合うとか。人と人との付き合いができ、お互い尊重ができてこそ、初めて利用されたいと思うのです。

■条件２：結果を出す

利用したからにはちゃんと結果を出してほしいというのも、条件です。利用されたのに結果を出してくれないのであれば、利用され甲斐がないですから。とはいえ、結果は後からついてくるもの。もし頑張ってちゃんと努力したにもかかわらず、結果が出ないのであれば、それは仕方のないことです。

ですが、最初からこのやり方では結果を出すのが難しそう、と思う点があれば、やはり利用されたくないと思ってしまいます。例えば、自分のやり方に固執して融通がきかなかったり、アドバイスを聞き入れる気がなかったり。やることを選り好みしてしまう場合や、学ぼうとしない、やりとげる意思がない場合は、結果を出すのは難しいと感じます。

以前、引っ張り上げられる側だった私は、知らず知らずこの二つの条件をクリアしようと必死になっていました。そして同時に、当時から私を利用してほしいとも思っていました。成功している人やあこがれの人に利用されるとしたら、素晴らしい経験になる。もし騙されたとしても、それすら経験になる。もし騙されたら、それは私の人を見る目がなかったせいだし、経験はなくならない。そう考えていました。

だから、うまく利用してもらうことを一生懸命考えて、うまく利用してもらうためにはどうあればいいのか？　そんなことをたくさん考えていました。そしてそれが、引っ張り上げてもらえる結果につながりました。

そうはいっても、むやみに騙される必要は、もちろんありません。私の周りには過去、本当に騙されてしまって、大金を失った経験のある人もいます。

確かに、過去にそんなことがあっても、うまくいく人はうまくいっています。でも、起死回生できないほどに騙されてしまっては元も子もありません。小手先のノウハウばかりを売っている人や、自分では何もしなくて稼げます！などと謳っている人についていってしまうと、あなたの大切なお金を無残に失う可能性があります。

時には小手先のノウハウも面白いのですが、やはり最初は、しっかりとビジネスの基礎基本、原理原則を学ぶことを念頭に置いていただきたいと思います。

ビジネスはマインド9割

これまで数多くビジネスを指導させていただいた際はもちろん、私のビジネスパートナーや先駆者たちも言い続けていることがあります。

それが、『成功要因はマインドが9割だ』ということ。

私は最初、このマインドということがまったくわかりませんでした。よく耳にすることだけど、いったいマインドってなんだろう？　マインドがないと、なぜ成功できず、うまくいかないんだろう？そう思っていました。つかみどころがなくて、半分は信じていなかったのかもしれません。

ある時、当時ビジネスを教わっていた先生に対面で会える機会があり、どうしてもこの質問だけはしようと心に決めて、ぶつけてみたことがありました。

「マインドが大事といわれますが、そのマインドができたかどうかはどうやったらわかるのですか?」

答えはこうでした。

「稼ぐ金額が変わるからわかります。」

マインドが何かはその時はまだわかりませんでしたが、私はその言葉を意識するようになりました。そしてそれを実感する日が後に来るのです…。

マインド9割というのは、決して大げさではありません。今、私と仲間たちの作っている環境にはたくさんの人がいます。残念ながらみんながみんなうまくいくわけではありません。中にはなかなか稼げるようにならない人、そのままあきらめてしまう人もいます。

でも、たった三か月で顔が変わり、雰囲気が変わり、三か月前と同じ人だと本気で認識できないくらい変わってしまう人もいます。中にはたった一週間で言葉が変わり、話す内容が変わり、さらにその次の週にもまた目に見えて変わってしまっているくらい、急激に進化を遂げた人も目の当たりにしてきました。人が入れ替わったのかと思うほど変わりすぎて、前の印象とかけ離れてしまうくらいです。

これはもう、ノウハウとかテクニックを身につけたからという問題ではありません。内側から違う人になっているというのは、外から見てもわかるし、話すともっとわかります。まったく変わってしまうんですから。

では、このマインドって何でしょう？　実は私は、まだ一言で言い表すことはできません。その人それぞれで、必要なマインド、足りていないマインドっていろいろあると思うんです。そしてそれは、もしかしたらそもそも一言で言い表せることではないのかもしれないし、言葉にするとニュアンスが微妙にずれて、正確に伝えることが難しいのかもしれません。それに、言葉で言い表せないそのマインドの『深さ』と『マインドをどれだけ自分のものにするか』が何より重要だからです。

そんな奥深いマインドですが、必須となるマインドもあります。ビジネスで成功したいと思った時に必要になるマインドが『ビジネスマインド』です。

ビジネスマインドにはいくつかあり、それぞれその人に必要なものは少しずつ違う気がします。だから本当は、ここで言葉にするのではなく、一人ひとりと会って話して、伝えていくのが適切だと思うのですが、そうそうできません。そこで、誰にでも共通して必要で、あるとうまくいきやすいもの、なければ成功に近づけない、もしくは続かないマインドについてお伝えできればと思います。

ただ、そもそも成功の定義が違っていると、ゴールも違ってくるので、そこも考慮してお伝えできる範囲でお伝えしていきたいと思います。

細かいことをいうとたくさんあるのですが、大きく分けると、実は成功に必要なビジネスマインドはたった二つです。

この二つがあればビジネスはうまくいくし、うまくいかせ続けることができます。逆にいえば、この二つのうちどちらかでも欠けると、ノウハウやテクニックで単発的に稼ぐことはできても、本当の意味で稼ぐこと、稼ぎ続けることは難しいです。その二つの要素とは、『覚悟』と『楽しむ力』です。

覚悟のお話はすでにしましたよね。大きな人生を賭けるような覚悟は必要ありませんが、小さな覚悟をし続けることが必要というお話でした。覚悟をし続けることは、ずっと同じ覚悟をキープするのではなく、常に進化し続ける、変わり続けるための覚悟なので、その時々で覚悟を繰り返すことになります。いくら稼げるようになっても、どのフェーズにやってきてもその都度覚悟していきます。

ある程度稼げるようになると、これくらいでいいかなと感じて、立ち止まってしまうこともあります。でも、立ち止まるのは実は現状維持ではありません。立ち止まると、気づかないくらいゆっくりと後退していきます。なぜなら、時間は止まらず進み続けているから。気づいた時には追いつけないくらい手遅れになってしまう可能性もあります。なので、少しずつでも進み続けているほうが後々楽なんです。

そしてもうひとつの『楽しむ力』。覚悟は恐怖心や向上心から生まれますが、楽しむ力を持つためには発想の転換方法を覚えることです。どちらかといえば、少しテクニック寄りです。どんなことでも、発想を変えるだけで楽しいと感じられるようになります。

例えば、ビジネスをしていく以上、ルーティンワークをしなければならないこともあります。最初の頃は特にそうです。ネットでのビジネスなら毎日記事を書いたり、集客のためにメッセージを書いたり。パソコンに向かってコツコツと作業しなければならないことも多々あります。もともとそれが好きなことならいいですが、さすがに長い時間続くと、飽きてくる場合が多いです。そんな時、どうやってそれを楽しむかを考えられるかどうかで、続けられるか、生産的になれるかが決まります。別にワクワクするほど楽しむ必要はありません。小さな楽しさでも十分です。

例えば、毎日何かしらの記事を書くことでビジネスがうまくいくとしたら、続けたほうがいいのですが、考えると憂鬱になる場合。記事を書くことが楽しみに変わればいいのです。ここで発想の転換です。記事を書く、ということにフォーカスすると、確かに面白くなさそう。でも、長い時間で考えて、その一文字一文字がお金に変わっていくと考えると、少し楽しくなりませんか？　もしくは、もっとゲーム感覚でとらえ直して、早打ちの練習にしてしまうとか。この記事を書き終わったらあのスイーツを食べよう、と自分にご褒美をあげてもいいかもしれません。

楽しみ方は人それぞれです。どうすれば自分がそれを楽しむことができるのか？　発想を転換する工夫をしてみると、同じ作業も楽しむことができるようになります。

発想を転換するポイントは、二つの視点を持つことです。『短期的な視点』と『長期的な視点』です。短期的な視点によって地に足をつけてしっかり目の前のことに取り組んでいくことはもちろん必要。でもそれだけしか見えていないと、立ち止まってしまいやすくなります。そこで長期的な視点も常に意識してみてください。小さな一歩ずつが続いていく先を見続けること。大きな目標を見失わないこと。見失いそうになったら、また見つめ直す。大きな目標ばかり見て、先のことしか考えないと、足元がおぼつかなくなります。なのでそんな時は、ちゃんと目の前のことも見ながら、しっかり手を動かしていかなくてはなりません。どちらの視点も常に大切だということですね。

さて、今お話ししてきた覚悟と楽しむ力ですが、どちらを持つにも『想像力』が必要です。

なぜ想像力が必要かといえば、例えば覚悟をするためには、その必要性を感じなければなりません。自分の現状を知り、変わらなくては対応できないなど、変化の必要を感じなければ、覚悟をする必要がないわけです。または世の中の流れや世の中の現状を知り、そこに危機感を覚えれば、覚悟しなければならない気持ちになります。このままこの会社にいたらだめだよな、という気持ちもそうですし、これからの時代、やっぱり自分で稼ぐ力が必要だよね、と感じればやっぱり覚悟を決めるしかないですものね。そう感じるためには、現状を知って、それがそのまま続くとどうなるかという想像力が必要というわけです。

そして楽しむためには発想の転換をすればいいのですが、そもそも想像力がないと、その発想すら出て来ません。想像力を鍛えれば、発想がどんどん出てくるようになって、楽しみ方も増えていきます。

ただし、想像力は一朝一夕で身につくものではありません。日々意識することで身についてきますし、日々の意識だけで十分身につけることができるともいえます。やはり日常からの意識が大切だということですね。

お話ししてきたように、ビジネス的に成功するために必要なビジネスマインドは、覚悟と楽しむ力です。この二つを持つためには、想像力が必要です。細かいことをいうともっとたくさん持つとよいビジネスマインドはありますし、それらを手に入れさえすれば、ビジネスに限らず、人生が丸ごとよくなっていきます。

必要なビジネスマインド以外に、捨てたほうがいいマインドについてもお伝えしておきます。捨てないと、せっかく成功のマインドを手に入れても、その効果が半減してしまいます。

その捨てたほうがいいものとは、『プライド』と『雇われ思考』です。

プライドは、すべて捨て去ればいいわけではありません。持っておくべきプライドと、そうではないプライドがあります。例えば、「私はこういう方法でビジネスをしたい！」という方法に対する譲れない気持ちもプライドのひとつですが、必要のないマインドです。山登りを考えてみてください。たくさんのルートがあり、目的は頂上にたどり着くことです。でもそのルートがあなたの今いる場所からひとつしか見えていなくて、そのルートが険しい場合、別のルートを登ったほうがいいですよね。
でも、今見えているルートに固執してしまうと、もしかしたら頂上にたどり着くことさえ困難になるかもしれません。

他にも、『自分らしくしたい』というプライドは最初は捨ててしまったほうが結果を出すまでが早いです。たくさんの方に接していると、多くの方は自分らしくあることを大切にしようとします。でも、自分って何なのでしょうか？　今の自分を変えたくて、今の自分のままでやってくる未来を変えたくて、変わる行動を起こそうとしているのに、その今の自分を守っていたのでは、新しい道には進めないですよね。言葉にすれば理解できることですが、心から腑に落とすのはなかなか難しいことかもしれません。そうはいわれてもやっぱり、自分は大切なんですね。

あなた自身をすべて捨て去る必要は、もちろんありません。でも、凝り固まった考え方や今までの自分、今この現実を作り続けてきた思考の癖は捨て去ったほうが、結果を出すまでが圧倒的に早いです。ちょっとずつ変えようとするよりも、一気に捨て去って、新しいものを手に入れたほうがやっぱり早いし、スムーズにいきますよね。

失敗する時は、みんなそれぞれの違った思考と方法に固執して失敗します。ですが、成功する人の思考はみんな似ています。そちらの思考に合わせたほうが、結果が出るまでが早いです。だとしたら、そちらになりたいと思いませんか? なりたいなら、不要なプライドは早々に捨て去ってしまいましょう。

もうひとつ、捨てたほうがいいものとしては、雇われ思考です。もし長く会社勤めをしていたり、アルバイト歴が長かったりする場合、雇われ思考が根づいていることが多いです。雇われ思考とビジネス思考は、根本的に違います。会社に雇われている場合、売っているのは基本的にあなたの時間です。勤めている会社に対して「朝10時から夜7時まで働きます」という契約を結んでいるとします。その中でもし成果が出せなくても、それを理由にいきなり仕事を辞めさせられることはありません。もちろん、今の時代いつ首を切られるかはわかりませんし、決められた時間以上に働かなくてはならない場合も多いです。でも基本的には、事業の中のパーツを担い、それを決められた時間の間はこなす。これが雇われている状態での働き方です。

一方で、自分でビジネスを行う場合は、成果がすべてです。またすべてを自分主体で行う必要があります。自分の雇い主は自分であり、お金を稼げるかどうかもあなた次第です。働く時間も休みも決まっていません。どれだけ働いても働かなくてもあなたが決めることができますし、どんな仕事をするかもあなたの裁量次第です。でも、うまくいかなければお金を得ることができません。逆にいえば、収入に天井のない仕事になる可能性も秘めています。やらされているのではなく、誰も指示してくれない。責任はすべて自分にある。たとえ誰かに指導を受けようと、ビジネスで成果を得られるかどうかはあなた次第なんです。

そう聞くと、やっぱりビジネスは大変そうな気がします。でも、もう一度よく考えてみてください。

会社勤めをずっと続けていく人生に希望を感じるのなら、それはそれでいいと思うんです。本当に心からそう思います。でもそうではなくて、自分の人生がそこにはないと思うなら、今の時代、自分でビジネスを行うという道もあるんです。これからはもっと、自分で自分のビジネスを持つことはスタンダードになっていきます。それどころか、ずっと同じ会社に勤められる保証なんてどこにもありません。勤めている会社がずっと存続するかもわからないし、あなたが勤め続けさせてもらえるかどうかもわからないんです。

だったら、そのリスクに備えておくことが一番のリスクヘッジになると思いませんか？　そういう意味でも、自分で稼ぐ力を身につけておくことは、どちらにせよ大切なことなんです。

さらにそれよりも大切なのは、せっかく生まれてきてせっかく自分で選んでいいのだから、ちゃんと選んだらいいということです。たった数か月、数年頑張れば、選択肢は山のように増えていきます。そしてどんどんリスクも減って、楽しむ力がもっともっと増えていきます。

ビジネスのメリットは、稼ぐことだけではありません。ビジネスに必要なスキルは、基本的にはすべてコミュニケーションがベースにあることはお話しした通りです。ということは、ビジネスで稼げるということは、コミュニケーションスキルが上がるということなんです。コミュニケーションスキルが上がれば、人間関係が良くなります。家族、友達、恋人、接する人たちすべての関係において、人間関係に関する悩みがどんどん減っていきます。ビジネスでお金を稼ぐことで経済的な問題が解決し、それと同時にビジネスで人間関係の問題も改善していく。そして住む場所や時間の使い方の選択肢がどんどん増えていく。それが、ビジネスの最大のメリットです。

その最大のメリットを手に入れるためにビジネス思考を持つのか、それとも雇われ思考のままでいるのか。答えはシンプルですね。

お話ししてきたように、ビジネス、そして人生を好転させるために必要なビジネスマインドは大きく分けると二つ。覚悟と楽しむ力。さらに捨て去るべきマインドも二つありましたね。プライドと雇われ思考です。ぜひこのマインドは頭の片隅にしっかり置いておきましょう。

今の自分を超えていこう

ビジネスで成功するために必要な思考、ビジネスマインドについていくつかお伝えしてきました。お伝えした通り、ビジネスだけに必要な思考ではありません。ビジネスや人間関係、恋愛や家族関係、コミュニケーションに関わるすべての物事、つまり人との関わりのすべてにおいて、ビジネスマインドを身につけることでうまくいくようになります。逆にいえば、人との関わりについてしっかり考えることで、ビジネスもうまくいくようになります。

もちろん、コミュニケーションに関わるそれぞれの分野が、それぞれ別の要素も含んでいます。例えば、ビジネスであればノウハウや方法、表面的なテクニックも時には重要です。でもやっぱり、根本的には一緒。相手のことを考えるための思考や、人の心理や習慣を知るということは、何においても大切なことです。ここをしっかりつかむことで、ビジネスでもうまくいくし、日々の生活でもうまくいき、人生が変わってきます。

ビジネスで継続的に稼げている人たちは、コミュニケーションの達人がほとんどですし、恋愛上手な人たちもやっぱり稼ぐ能力を持っている人たちです。そしてみんな、学び続けること、考え続けることをやめません。

言葉にすると難しそうに聞こえますが、この本質的なことを一旦つかめば、人生が楽勝モードに入ります。楽勝というのは、なんでもうまくいっていると感じることです。傍から見て波乱万丈の人生だったとしても、本人は楽しんでいるし、先の見通しは明るい。そしてそのプロセスをただただ楽しんでいる。面倒なこと、煩わしいこともちろん起こります。でもそれすら、本人にとってはゲームなんです。手ごたえのないゲームじゃつまらないじゃないですか。ちゃんとそのゲームをクリアできる能力さえ身についていれば、挑戦し続けることは楽しみでしかないんです。

最初は、先が見えなさ過ぎて不安も多いです。怖い気持ちだって当然あります。みんなそうです。そして私もやっぱり、先のことは見えないことばかりです。それを単に不安だと思うのか、見えないからこそ好奇心が湧くのか。それは人生を楽しむスキルを身につけているかどうかで変わります。人生を楽しむスキルを身につけながら、稼ぐ能力も同時に身につけられる。そんな素敵なことが実現できるのが、ビジネススキルを身につけることなんです。

そして、今の自分を超えていく感覚を味わい、楽しんでください。今の自分では想像できない、実現できないことがあって、そこには想像できないくらいワクワクする世界があるとただ信じてください。

そう信じるためには、今の自分で見ることのできる世界が世界のすべてではないことを知ることです。

それを知ることができれば、新しい世界を見つけることができるようになります。そして新しい世界に向かって進んでいくこともできるようになるんです。新しい世界に向かって進み、自分の限界を超えて新しい世界にたどり着くと、また次の知らない世界の扉がやってきます。これはどこまでいっても同じです。最終的にどこにたどり着くのかはわかりませんが、同じ日常を繰り返しながらも同時に新しい世界に進んでもいる。ある意味パラドックスな感覚は何物にも代えられない素敵な感覚です。


地に足をつけて進む感覚と、未知の自分と出会い続け、未知の世界に進み続ける少しふわふわした感覚。この両方を同時に持つことで、人生はもっと楽しいものに変わります。

両方の感覚を同時に持つこと。それを難しいことと考えるのか、簡単なこと、シンプルなことだと考えるのかはあなた次第です。難しいことだと考えると、その問題は難しいことになってしまいます。

でも『簡単でシンプルだから、私にもできる!』と信じた瞬間から、その問題は簡単でシンプルなものになります。要は、気持ちの持ち方次第で物事への感じ方が変わってくるということです。今の自分を超えていくことができると信じ、それが楽しいことだと信じれば、今のあなたでは想像も及ばない素敵な世界に行きつくことができます。その信じる気持ちとやってくる流れに、しっかりと身を任せてしまいましょう。

Message for You

ビジネスの世界にワクワクしながら飛び込んでみたものの、思っていたようにはうまくいかない。もっと楽に稼げると思っていた。こんなはずじゃなかった。そんな風に壁に当たってしまうことも、きっとあると思うんです。

でも、ビジネスで稼ぐ力は、一過性のものではなくて、これから先、ずっと稼ぎ続けるためのものです。
それほどすごいものなのだから、たとえ迷うことがあるとしても、手に入れる価値は十分にあると思いませんか？

ビジネスは単なるツールに過ぎないのだけれど、これ程楽しくて、しかも人生を変えてくれるツールは、他にありません。

好きな場所で、好きな人と、好きに生きていく。
自分で選べる人生を、是非手に入れてください！

PHASE

フェーズ 3

できる人から、
できる人を
増やせる人に

できる人を増やす人になる

ここまではビジネスを始めること、そして始めた場合どうやればスピーディに稼げるようになるかについてお話ししてきました。でも、ビジネスは稼いだだけで終わりではありません。稼ぎ続けることはもちろんですが、ここまでのフェーズではビジネスで稼げる金額の醍醐味を十分に味わえるとは言い切れません。次のフェーズに進むことでチームで稼ぐ場合はもちろん、ひとりビジネスでももっと大きな金額を手に入れることができるのも、ビジネスの魅力のひとつです。

また、会社に勤めていては通常10年かかるところに、一～二年で達成できるスピードを持てることもビジネスの魅力です。最初はその分忙しく時間を使ったとしても、どんどん働く時間を減らすことも、もっと働きたくてビジネスの幅を広げていくのもあなた次第です。

ここまでのフェーズは『自分でできる』というフェーズであり、そこで伝えてきたことは基本ですが、そこからさらに次のフェーズに入ることで、また違ったビジネスの醍醐味を味わうことができます。

その次のフェーズとは、『人をできるようにする』『できる人を増やす』そして、『自分以外の力を借りる』というフェーズです。

例えば、

■教えることでできる人を増やし、さらに収入源もひとつ増やす

自分が行うビジネスで稼ぐ収入以外に、そのビジネスを教えることでできる人を増やしつつ、収入源も増やします。

■人を雇う

人を雇うのもひとつの方法ですが、コストを考えるとあまりお勧めはしません。ただし、ビジネスの形によっては必要な場合があります。

■外注に依頼する

人を雇わず、例えば外注という形で仕事の一部を担ってもらうこともできます。

■チームを組む

チームを組んでビジネスをし続けるのはもちろん、そのプロジェクトだけチームを組んでビジネスをすることもできます。そうすることで、自分ひとりの知識や経験、スキルを超えて、誰かの力を借りてお互い補い合ってひとりではできない範囲のビジネスに取り組むことも可能になります。

■仕組み化する

時間の自由を作り出すためには必要ですし、もし自分の体に何かあった時でも、収入を途切れさせないように準備ができます。

自分ですべて行っていたのでは、時間がいくらあっても足りなくなり、限界が来てしまいます。ですので、自分のできないことを任せたり、できることであっても時間を作るために任せたり、できる人を育てたりすれば、ビジネスの可能性は広がりますし、結果が出るまでのスピードを上げることもできます。

ひとりビジネスと仲間とのビジネス

ビジネスにおいて必要な判断を自分で行えるレベルの知識は必要だとはいえ、その知識を得た後にもずっとひとりでビジネスをするのか、誰かと一緒にビジネスをしていくのかの判断は、また別の話です。

私がもともとネットビジネスを始めたのは、極度の人見知りだったからです。人と直接接することなくひとりで稼げそう。インターネットを使ったひとりビジネスを選んだのは、そんな理由からでした。そして最初の一年は書籍や教材で勉強するものの、ほとんど引きこもってビジネスに明け暮れていました。

それでも、当時は十分満足でした。インターネットビジネスで稼ぐには、そんな環境で十分だったんです。そしてそれが私自身、自分に合っていると思っていました。

でも、セミナー講師を依頼されるようになり、それまでパソコン越しにしかコミュニケーションを取らなかったお客様たちや同じ起業家の方たちと直接会って話してみると、得られる情報量がまったく違うことに驚かされました。それまではメールなどでのやり取りが主だったわけですが、直接会うと、声、姿、立ち振る舞い、表情、そして空気感や雰囲気。相手から伝わる情報量も、自分が伝えられる情報量もあまりにも違いました。そしてそれがどれだけ楽なことかもわかったのです。

こうして文字に起こすと、その行間を伝えるのに苦労しますし、真意が伝わったかどうかの反応は多くの場合得られません。また、伝える側も伝えられる側もそれぞれある種のフィルターを持っています。自分の考えや価値観によって、同じ言葉を受け取っても、受け取り方が変わってきてしまうもの。直接話しても、もちろんフィルターは働きます。ですが、相手のフィルターを感じることができるのもまた事実。

そして対面のコミュニケーションは、相手の様子を見ながら修正を重ねることができます。「顔が曇ったな」と思えば言葉を足し、雰囲気作りをすることもできる。相手の言葉を反復することで、理解の相違点を見つけることができる。考えれば当たり前のことですが、それまでコミュニケーションが苦手だと思っていた私にとっては、かなり衝撃的でした。そしてそれがこんなに楽しいことだとはまったく思っていなかったんです。

それでもしばらくは、私の基本スタンスはひとりビジネスでした。同業者の方やお客様との交流は増えたものの、誰かとがっちり組んでビジネスをすることはほとんどなく、あっても単発的なものがいくつかだけでした。

そんな私が今、ビジネスパートナーたちに囲まれて過ごしているのは、以前の私からは想像もつきませんでした。

一緒にがっちり組んでビジネスをするようになり、これもまた当然のことなのですが、できる範囲がぐっと広がりました。発想の幅が人の数以上に増えます。自分の得意なことを活かしたり、苦手なことを補い合ったり。自分の役割に没頭できますし、考え方や視野も広がります。そして何より、ビジネスが進むスピードとリーチできる相手の範囲がぐんぐん広がります。ひとりで全部行うよりも圧倒的に時間が短くて済みます。

とはいえ、誰かと組んでビジネスをするほうが良いことだと言っているわけではありません。ひとりビジネスにはひとりビジネスの良さがあります。自分だけで自由な発想ができ、生まれた発想の実現に向けてまっすぐ進んでいけること。自分のビジネスをすべて自分だけでコントロールできること。一方で誰かと組んでビジネスをする場合は、やはり相手との関わり方や相性が大きなポイントになります。組むといっても、パートナーとして組むことだけがすべてではありません。もっと広い意味での仲間は、ひとりビジネスでやっていく場合でもいて損はないですし、やっぱり何より刺激があり楽しいものです。誰でも、ずっとひとりきりでいたいわけではないですよね。人にはもともと帰属欲求があります。何かに属しておきたい欲求は根源的な欲求です。そういう根源的な欲求がある限り、やっぱり人と関わらずには生きていけないんです。

それが仲間であってもいいし、パートナーであってもいい。どんな形であれ、しっかりと関われる相手がいることは、そのまま楽しい気持ちや嬉しい気持ちにつながります。

ただし、お客様にその関係を求める場合は、若干注意が必要です。ビジネスの形によりますが、あまりにもお客様との距離が近くなると、お客様に教えるビジネスは難しくなる場合があります。なぜなら、友達からは素直に教われなかったり、抵抗感が生まれてしまったりするからです。また、近づきすぎるとセールスに抵抗が生まれる場合もあります。

ちなみに、ビジネス的にはあなたもお客様意識のままでいると、なかなか成果が出ないといえます。お客様意識とは、与えてもらって当たり前という意識です。お客様側からすると、お金という対価を払っているわけですから、その意識は当たり前といえば当たり前なのかもしれません。でも、ビジネスではお金をいただけるのは与える側、提供する側なのです。だからこそ、お客様のもらう側の意識ではなく、提供する側の意識に切り替える必要があるのです。

また私は、今はビジネス側とお客様側という関係だとしても、ただのお客様で終わってほしいとは思っていません。いつか一緒にビジネスができる仲間になれる関係が、一番素敵な関係だと思っているし、パートナー候補を探したい意識は常にあります。もちろん、相手側からもそう思ってもらえている場合に限りますが。

教えるビジネスでレバレッジを

仲間と組むこと以外にも、教えることによって収入を増やすこともできます。例えば私の場合、ビジネスを始めた当初、ブログに広告を貼って広告収入を得るアフィリエイトから始めました。それと同時に、その方法をメルマガや別のブログで発信、ブログやメルマガを読んでくださった方に、どうやって広告で稼ぐのかを教えました。私が教え始めたのは、ビジネスを始めてたった一週間ほど後のことです。ブログで広告収入を稼ぎながら、いつでも教えられる準備を整えていたので、準備期間を含めると、タイムラグは一切ありません。

ほとんどの方は、自分の実績が圧倒的に秀でていたり、周りと比べて特化したものでないと教えられないと考えがちです。でも実際はそうではありません。あまりに実績の差がありすぎると、相手が引け目を感じてしまうこともあります。教えるといっても、何もかも教えるわけではなく、例えば私の場合は、ブログの開設方法やブログテンプレートの設置の仕方、どんな記事を書けば広告収入が入ったのか、事細かなポイントを惜しみなくブログとメルマガで発信していきました。それでも、まだブログを開設したことのない方からすれば、役に立つ情報といえます。そして徐々に読者も増え、その後、ブログで稼ぐ方法に特化したノウハウを紹介し、その紹介報酬もいただけるようになりました。

私のように、ちょっとしたことからも教え始めることは誰でも十分に可能です。もちろん自分のブランドや今後の方針や戦略などを考えて、すぐに教え始めるかどうかはしっかり吟味したほうがいいことは間違いないです。単に私は、知った方法をすぐに実践してしまっただけだったので…。それでも十分うまくいったし、広告収入で稼ぐよりも何十倍もの金額が得られるようになりました。

教えることで稼ぐメリットはたくさんあります。教えている人だと認識され、ブランディングしやすくなること。収入源が増えること。そして教えている相手の中から、自分のパートナーや自分のビジネスを手伝ってくれる方が出現しやすいということです。一緒にチームを組む価値観の合う仲間が見つかりやすいのは、あなた自身がビジネスを教えたから、ともいえます。圧倒的な実績の差がなかったとしても、一緒にビジネスしていく仲間としては十分素晴らしい人と出会えるかもしれません。

逆に考えると、この時点では圧倒的な力の差がある相手と組むのは、知識不足、経験不足から危険な側面もあります。

人に任せる

自分でできることが増えてきたら、とにかくどんどん周りの人に教えたり、自分の仕事を任せたりしていきましょう。そうすることで、前述の通り自分の時間を増やすことができます。ビジネスをしている人はもれなく、ビジネスオーナーです。自分で舵を取らなくてはなりません。だとしたら、常に情報にアンテナを張り、新しいことを学ぶ時間も必要です。ずっと自分ひとりでビジネスしていくと、ある程度のところまではいけますが、頭打ちになったり、時間が足らなくなったり、状況の変化に対応できなくなる恐れもあります。

わかってはいても、誰かに任せることは怖いことでもあります。最初は自分でしたほうが早いからと、任せることをせず進めていきたくなるかもしれません。また、人に任せるとお金もかかります。そのお金がもったいなくて、なかなか任せる気になれないかもしれません。

ですが、思い切って任せてみてください。そうしていかないと、いつまでたってもあなたの時間は自由にならないからです。私も最初、外注を雇って仕事を振る時はずいぶん迷いました。でも、実践してみると心配していたようなことは起きませんでした。最初に任せた仕事が簡単なものだったからかもしれません。それ以降も、外注の方としっかりコミュニケーションを取って仕事を教えることで、どんどん楽になっていきました。

まずは簡単なことを任せてみて、様子を見てみる。そして、どんどん任せられるように準備をしていきましょう。

環境を変えると得られること

人の力を借りてビジネスをしていくためには、いくつか方法や考え方があるのですが、その方法にたどり着くために重要なのは、実は『環境』です。仕事上で身を置く環境が充実していると、良い情報がたくさん入ってくるようになります。また、人との良い出会いも良い環境が生み出す場合が多いです。ここでいう環境とは、自分の所属するオフィスのことではありません。シェアオフィスなどで人と出会う環境に身を置くこともできますが、そういった環境も含め、参加できるコミュニティのことだと考えてください。

誰でも、弱さと強さの両方を持っています。そのバランスがどこでどう出るかで、うまくいくまでのスピード、楽にできるようになるまでの時間が変わってきます。それを大きく左右するのも環境です。

私も何度も体験してきましたが、自分が変わろうとする時、必ず誰かがそれを止めようとします。その人に悪気があるわけではありません。基本的に、人は変わらないほうが楽だと感じています。自分自身が変わらないままでいるのはもちろん、自分を取り巻く環境にも変化を求めません。つまり、近くにいるあなたが変わることで、変化に気づいてしまう。その気づきをなかったことにしたくて、あなたが変わっていくのを止めようとしてしまうんです。

例えば、家族の反対。あなたが新しいことを始めようとする時に、家族は心配して「そんなことしちゃダメ！　危ないよ。」と言うかもしれません。家族ではなく、友達が反対したり、信じてくれなかったりするかもしれません。結婚している人は、パートナーが反対したり、もしかしたら病気になったり、ケガをしたり…。どんな形で現れるかはわかりませんが、あなたが変化しようとした時に、変化を阻止する出来事が起こりやすくなります。

悪意があるとは限りません。仕方のないことなんです。変化を起こす時は邪魔が入りやすい。そういうものだとしっかり割り切ってください。そう考えておかないと、あなたも周りに引っ張られてしまいます。

変化が始まった時は、自分の今までの心地よい環境を一旦抜け出さなくてはなりません。それを抜け切ると、もっと居心地よい環境が待っているのですが、抜け出すまではしんどいので、周りに引き戻されてしまいがちです。

一番の対処法は、環境から変えてしまうことです。今いる環境を先に抜け出してしまう。そうすると、引っ張られることも少なくなります。一番影響を受けるのは、やっぱり一緒にいる時間が長い人から。だから、環境を変えることで一緒にいる時間が長い相手を変えてしまうのです。

とはいえ、環境を変えればそれだけで大丈夫かといえば、当然そうともいえません。変えた先の環境がどんなものなのかにもよりますし、何より完璧な環境などありません。その新しい環境の中にもいろいろな人がいて、それぞれの考え方を持っています。そもそも、新しい環境にどっぷりと浸かれるかどうかは別問題です。

だからこそ、『見極める力』が必要です。見極める力は、ベースの知識やマインドによって養われます。つまり、**フェーズ2**でお話ししたビジネスの基本知識やビジネスマインドが必要なんです。それがないと、もしかしたら体よく使われ、いつまでたってもお客様側でしかいられないかもしれません。

私は、利用されること自体が悪いことだとは考えていないとお伝えしました。利用されるという言葉は良い印象ではないですが、お互い役に立ち合っている状況であれば、利用されることも案外悪いものではありません。

ですが、利用されたい相手なのか、利用されてもいいと思える相手なのかどうか判断するためにも、人を見る目を磨き続けていかなくてはなりません。ビジネスの世界でも、残念なことにハナから騙そうとする人がいるのも事実です。これは他の世界でもいえることですが、ストレートにお金が絡むビジネスの世界では、騙されると精神的にも金銭的にも痛手を負うことになりかねません。

だからこそ、まずは自分で判断できる程度の知識は身につけること。そして、「何もしなくても稼げますよ！」「誰にでも簡単にできますよ！」「絶対失敗しない方法ですよ！」と高らかに謳うものは信用しないようにしてください。もしそれが事実だったとしても、一時しのぎにしかなりません。結局は、自分でしっかりスキルを身につけることでしか、次のステップには進んでいけないのです。

自分を高める環境とは

私や私のビジネス仲間たちのいる環境には、ビジネスを志す人たちがたくさん集まっています。ビジネスを始めたばかりの方もたくさんいますし、成果が出始めた方、さらにステップアップしたい方、副業でビジネスをしている方、ビジネス一本でやっている方、そして一緒に新しくビジネスを作り出す仲間たち、オフィスに集う人、在宅で頑張る人をバックアップする仲間たち。

いろいろなフェーズの方がいますし、みんな同じことをしているわけでもありません。やっていることが違うので、知っていること、知らないことの知識の違いやスキルの違いもあります。それを補い合ったり教え合ったりするのですが、最初はそんな環境に慣れない方もいます。

私ももともと、ひとりビジネスがメインだったこともあり、ひとりの集中する時間も必要です。私がパートナーや仲間たちと過ごしているオフィス内では、みんなと話す場所がいくつかあり、自分のデスクも定位置が二か所あり、またさらに場所が増えそうです。その時々に合わせて使い分けている以外にも、ひとりで仕事がしたくなればカフェに出かけます。自宅だとだらだらしてしまいがちですが、人目の多いカフェだと、変にだらだらもできず、人の声が心地よいBGMとなり、ひとりの仕事が進みやすくなります。

あなたがビジネスを始めるにあたり、最初はひとりかもしれません。運よくビジネス仲間をあっという間に見つけられるかもしれません。どんな環境でも、ビジネスは人との関わりなくして成り立つことはなく、同時にあなたひとりでもできることがなければ、誰からも必要とはされません。お客様からもそうですし、仲間からもそうです。

だからこそ、人と関わりながらも、自分を高め続ける必要があります。どんな環境にいたとしても、ビジネスで結果を出したいのであれば結局はあなたよりレベルの高い、信頼できる人とビジネスを行っていく必要があります。常に自分の刺激になる環境、一緒に上がっていける環境を手に入れることが、単発的にではなく継続的に稼ぎ続けるために必要なことだからです。現状維持を心がけた途端、ゆるやかな下降をたどります。なぜなら、あなたが変わらずにいようとしても、周りが進化し、時代が移り変わっていくからです。ビジネスは稼げば終わりではなく、稼ぎ続けていくことが何より大切なんです。

自分を高めてくれる環境とは、ビジネス的にもレベルが高く、思考レベルも高く、その価値観が信頼でき、惜しみなく教えてくれる人たちが集まる環境です。特に、ビジネスを始めた当初は、この環境は非常に大切です。

思考に関していえば、教える側本人がわかっていても教えられない場合もありますし、教える側で思考が大切だと知らない人がいるのも事実です。

また、教える側がノウハウという表面に目がいってしまい、そのノウハウを生み出すベースを知らないのであれば、やはり時間の移り変わりとともにその人のビジネスは廃れていく可能性があります。

もしかしたら、同じタイミングでビジネスを始めることになった友達と、ずっとビジネスパートナーとしてやっていきたいと考えている人もいるかもしれませんが、人に執着することは必ずしも得策とはいえません。ビジネスの仲間を見つけた時も、その仲間を誰ひとり失いたくないと考えるかもしれませんが、人に執着するのではなく、自分が自分の身を置く環境そのものを考えてみてください。人はいつでも流動的です。同じ人間でも、経験やタイミング、感情のブレによって、その時々で変わります。最初は同じ方向を志していたとしても、途中で見ている向きが変わってしまうことも珍しくありません。どちらが悪いということではなく、そういうものなんです。人は変わるもので、あなた自身も変わっていくのだから、一瞬たりとも同じあなたもいなければ、他の誰かもいないのです。誰かに執着することはその誰かを自分の一時の感情で縛ってしまうことに他なりません。それは良い関係性とは言い難いものです。

もし今、一緒にビジネスを志す仲間がいたとしても、ずっと一緒に上っていこうとは考えなくて大丈夫です。ある意味においては、ビジネスはひとりです。それは寂しいことではなくて、その時々の自分で、たくさんの相手と一緒にビジネスをしたり、付き合ったりが自由にできるということです。特に最初は、みんなそれぞれスピード感も違いますし、知識やスキル、経験が増えるにつれ、物の見え方、どこまで見えるのかも違ってきます。だから、目指す道が変わってくるのは当然といえば当然なんです。それでも一緒に進んでいける人がいたとしたら、その人はとっても貴重な存在ですよね。その時初めて、大切な仲間になれるのかもしれません。

ビジネスを志した当初、家族や友達、恋人やパートナーが、あなたの変化に対して足を引っ張るかに見える行為や言葉を投げかける可能性があるとお伝えしました。それは、ビジネス環境においても起こり得ます。最初は一緒にビジネスを志し、切磋琢磨していたとしても、進み具合の差が生まれ、それが実力差になってくると、起こる可能性があります。

決して、悪意がある人ばかりではありません。とはいえ、それに引っ張られ、あなたまでペースを落としたり、一緒に沈んでしまう必要はまったくありません。そういうものだと考えて、あなたはあなたの道を進んでいきましょう。結果、それがその人たち、そしてこれから先、あなたが出会っていくビジネスを志した人たちの助けになります。

時にあなた自身が、そんな風に足を引っ張る側に回ってしまうこともあるかもしれません。そんな時は、しっかり周りに目を向けるようにしてください。落ちていく人の多くは、自分のことでいっぱいいっぱいになって、周りで起こることすべてを極端に受け取ってしまいがちです。そして、自分の内側のことばかりに目がいきます。私はなぜこんなことをしているんだろう？　本当に私のすべきことは何だろう？　評価されていないと感じる。必要とされていなくて、否定されているように感じてしまう。いいようのない不安に襲われる。多少そういう気持ちになることは仕方ないのかもしれません。でも、そんな気持ちに沈み込んでしまう前に、上にいる人に手を差し伸べてもらってください。そういう人がいないのであれば、とにかく沈み込まないこと。そのためには、自分の内側を覗きすぎないことです。

以前、自分探しの旅が流行りました。自分探しの旅とは、自分が何者なのか、自分の生まれてきた意味は何なのかを探すことをいいます。でも、本当の自分なんて、探しに出かけて見つかるものなのでしょうか？　自分は、他者との関わりの中でしか見えてきません。誰か別の比較対象がいて、やっと自分自身が少し見えてくるのです。とはいえ注意が必要なのは、他者と比べて感情的になってしまうと、自分を見失ってしまいがちになるということです。

自分は最初から探して見つかるものではないんです。まずはしっかりと社会とのつながり、他者とのつながりを作ることです。そのためにはビジネスにしっかりと取り組んでいきましょう。その中で学び、稼ぎ、もっと人を知って、そしてようやく自分自身を客観的に見つめることができるようになります。

私は自分自身のことを、いつでも一緒にいてくれる一番近くにいる他人だと思っています。どんなにつらい時も、苦しい時も、あきらめずに一緒にいてくれた人。それが自分自身です。他人だと思えば、必要以上にひいきする必要もなく、冷たくする必要もなく、失敗しても許せるし、頑張れば褒めてあげられます。感情がブレたり弱気になったりすれば、もっと知ろうと思う。そんな関係です。

自分自身と向き合うというのは、自分と一体化して、自分という深淵に沈んでしまうことではありません。自分自身をもうひとりの人間としてとらえ、しっかり向き合うこと。向き合うためには自分と一体化してはならないんです。それが客観的に自分を知るということなのではないでしょうか。

ビジネスをしていると、客観視が得意になっていきます。客観視が得意にならなければ、稼ぎ続けていくことは難しく、ビジネスを続けていってもうまくいきにくいです。ビジネスとは、他者に価値を提供するもの。だから、常に意識が自分に向かっていたのでは、その機会を失ってしまいます。自分にばかり意識を向けるのではなく、周りにしっかり目を向ける。そして初めて、自分のことも知り始めることができます。私にとって、人を学ぶ場がビジネスであり、それと同時にビジネスは自分を学ぶ場でもあるのです。

社員ゼロ、社長いっぱい

ところで、私と私の仲間たちのビジネス環境は、ちょっと変わっているみたいです。作る側にいるとわからなくなってしまうのですが、傍から見るととても不思議な関係のようです。社員はひとりもいません。社長は数名いて、私を含め、数社に関わっているメンバーもいます。他のみんなも個人事業主だったり、法人を立ち上げる準備をしていたり。

今までの常識では、会社には社長がひとりいて、その下に取締役がいたり、社員がいたり、そしてその社員がだんだんと増えていくのが普通だったのではないでしょうか。でもこれからは、社員という枠はなくなっていく気がします。もちろん、まったくなくなるのではないですが、どんどん少なくはなるでしょう。固定給で働くよりも、自分の時間や能力に見合ったお金を自分で稼いでいくスタイルが増えていくのは当然といえば当然なのではないでしょうか。

一方で、社員であることを選択することも可能です。ですが、以前は当たり前だった年功序列が崩壊していているように、社員が優遇される時代は変わろうとしています。社員であるということは、働く時間や、能力による評価を自分で選んでいないということです。だから今後は、誰にでもできるシステマチックな仕事を社員が担当し、そうでなければフリーランスとして会社に関わり、働き方を自分で決める人たちが増えてくるような気がしてなりません。

私と私の仲間たちがいる今の環境は、まさにそんな形です。仕事のやり方は教えますし、一緒に楽しく遊ぶイベントもたくさんあります。一緒に新しい経験もたくさんしています。一緒に暮らしている人たちもいますし、ごはんも準備してもらっています。そして次々と新しい計画も考えています。でも一方で、ビジネスをして、自分で稼いでいかなければお金がもらえないのはもちろん、一緒に過ごすこともできなくなります。シビアといえばシビアな環境ですが、やる気のある人には素晴らしい環境なのではないでしょうか。ほぼ24時間３６５日体制でサポートできますし、オフィスにはいつも誰かしらいて、相談することが可能です。オフィス以外でも一緒にご飯を食べたりしながら相談に乗ることもよくあります。電話やチャットでも対応します。

最初はそうやって教わる一方ですが、実力が伴ってくると、新しくやってきた人に対して一緒に教えるという役割を担っていきます。これは強制ではないのですが、教えることで学ぶこともたくさんあります。例えば、誰かに教えると、どんなことでつまずくのかを知るだけでも人を知る機会になりますし、伝えるために言葉にすることによって、自分の思考の整理にもなります。だから、みんな積極的に教えてくれています。

通常のビジネススクールでは、画一的なノウハウを教えて、それに沿って自分でビジネスを行っていくのですが、今私がメインで教えているいくつかのスクールでは、決まったビジネスがありません。スクールにはノウハウ自体はたくさんあって、どのノウハウを実践してもいいし、自分で選べばいい。コンサルでは、そのノウハウに基づいて個別に教えることも可能ですし、しっかりヒアリングして、一人ひとりに合ったビジネスを考えたり、サポートしたり、時にはすでにスキルを持っていると感じる人がいれば、一緒にビジネスを作り上げていったりもします。最初から決まりきったことはあまりしたくありません。人の数だけビジネスがある。そのくらい柔軟なほうが一緒にやっていて楽しいからです。

こんなお話をすると、どうやって私たちの会社が成り立っているのかわからないかもしれません。でも、こんな感じのゆるいつながりなんです。そしてそのゆるい人と人とのつながりで、組織という名のひとつの大きな生物が生まれているイメージです。その生き物の一部が私であり、ビジネス仲間たち。そんな私たちが集うことで面白い環境が生まれました。
もしあなたが、自分で働き方を選びたい、能力に応じた報酬を得たい、好きな時に好きな場所へ出かけたい。好きな人、気の合う人たちと一緒にビジネスを続けていきたいと思ったら、こんな環境を見つけて入っていくのもひとつの手ですし、あなた自身が作り上げるのも面白いですよね。せっかくなら、気の合う人と一緒に長くビジネスができるほうがいいですから。最初から気が合っている必要はなくて、気が合う関係を育てていくことも可能です。人にはそれぞれタイミングがあります。一緒にビジネスをしたい人がいても、お互いがそのタイミングではないとうまくいかないことも多いです。そう考えると、ぴったりとタイミングが合う相手というのは、気が合っている証拠かもしれませんね。

人は誰でも、つながりを求める気持ちを持っています。つながりを作っていくことは、生活を続けていく、生きていく上でなくてはならないことです。でも、つながりを見つけたらすべてを手に入れなければならないわけでもありません。選ぶこともできるし、必要な時に必要なものを手にしていけばいいんです。そして、あなたが一番成長し続けられるつながりを作り続けていってください。

ビジネス仲間を作るなら…

あなたがもし、ビジネス仲間を作ろうと思った時に、あなた自身をすべてさらけ出さなければならないと思ったとしたら、それは少し違います。弱みを見せたくなくて嘘をついてしまったら、その嘘をずっと突き通さなくてはならなくなるかもしれません。それは苦しいことですよね。でも、嘘をつかないことと素をさらけ出すこととは別のことです。

嘘をつくというと、悪いことだと思ってしまいがちです。でも、嘘は場合によっては悪いことだとはいえません。その瞬間では嘘でも、長い時間軸で考えると、嘘でなくなることもあります。現時点では本当ではないけれど、いずれ本当になる場合や、相手の人生ベースで考えた時、嘘をついたほうが明らかに相手の人生が良くなると思えるなら、時には嘘も良いことになる場合があります。

同じように、あなたの素を出すことが必ずしも良いとはいえません。特に、ビジネスでは強がったり、泣き言を言わないことも時に必要です。ビジネスは時にあなたひとりで行うものでもあり、時に仲間と一緒に行うものでもあり、お客様もいて初めて成り立つものでもあります。仲間であると同時に同業者でもあり、いつお客様になるかもわからない相手です。そんな相手にいつも自分の丸ごとの素を出していくことが良いことでしょうか?

もちろんこれは、あなたが元来持っている『素』がどんなものかによっても変わってきます。周りの人を傷つける類のものなら、出すことが得策ではないことが多そうですが、誰でも、場合によっては出さないほうがよい側面を持っているのではないでしょうか。誰でも相手に合わせたりタイミングに合わせたりしながら、出すところ、出さないところを選び続けています。自分のすべてを出すことは時間的にも物理的にも不可能なくらい、ひとりの人はたくさんの側面を持ち合わせています。だから、何を出すのか出さないのかを決めるのはあなた次第です。自分の中にドロドロしたところがあるなら、自分の中で処理したり、しかるべき人にだけ出したり。そんなバランスを取ることが大切なのです。ビジネス仲間を作りたいと思うなら、そういったバランスは必要です。

自分のすべてを伝えなければ、相手にわかってもらえないわけでは決してありません。特にビジネスでうまくいっている人たちは、人を見抜く力に秀でた人たちばかりです。だから、自分のすべてを言葉で一生懸命表現しようとしなくても伝わることも多いです。言葉で説明しようとすればするほど、言い訳になってしまったり、自己弁護になりがちです。相手に伝えようとすることと、すべてを言葉にすることとは、実はイコールではないんです。心から相手に向き合うこと、相手を知りたい、役に立ちたい、心地良くしたいという気持ちをまっすぐに持つことのほうが、言葉ですべて伝えようとするより何十倍も伝わります。

また、ビジネス上の関係を築いていくためには、相手をしっかり気遣える心持ちも大切です。これは顔色を窺うこととは違います。気遣われて嬉しい人は多いですが、顔色を窺われても嬉しくありません。一見ちょっとした違いなのですが、実は大きな違いです。顔色を窺っている時は、実は気持ちが自分に向かっている時です。相手に嫌がられていないか、相手の機嫌を損ねていないかなど、自分視点で考えています。一方で、気遣っている時は、相手の心地の良さや相手が喜ぶことを先回りして考えられている状態です。自分ベースではなく相手ベースで考えられるようになると、人間関係も構築しやすくなっていきます。

こういう話をすると、常に人のことばかり考え、自分自身をないがしろにしてしまう人も出てきます。私の伝えたいことはそうではありません。自分もひとりの人間であり、私にとって私は、一番近くにいてくれる他人なのです。だからあなた自身のこともちゃんと気遣ってあげてください。自分で自分に自己弁護しない。言い訳もしない。ちゃんと向き合うけど、執着しない。そんなバランスを心がけていくと、周りの人にも心地良さが伝わります。その心地良さを周りの人に与えられるだけで、あなたは常に与える人であり続けることができ、周りの人と良い関係を築いていくことができるでしょう。

Message for You

どんな環境に自分の身を置くのか。本当に大事です。
誰でもみんな、多かれ少なかれ周りから影響を受けるのだから、どんな影響を受けたいかを考えて、受けたい影響を得られる環境にいること。
これこそが欲しいものを手に入れるスピードを上げるために必要なことです。

一人でできることもあれば、誰かと一緒じゃないと難しいこともある。だけどまずは、あなたがあなたのベストパートナーでいてあげてください。あなたの可能性をあなたが一番信じてあげて欲しいんです。

全ては「人」がベースです。そして、一人ひとりがつながって、この世界ができている。あなた自身もその一人だということを、忘れないでいてください。

PHASE FOUR

フェーズ 4

すでに
スキルを
持っている
人へ

究極の利己主義と利他主義の共存

ところで、私自身は今のビジネス仲間たちの環境の中では、スタート地点が違います。というのは、ここにいる多くの人たちは、この環境がビジネスのスタートで、ここで力をつけ、ビジネスを一緒に行う仲間になった人たちです。たくさんの人が独立して自分の会社を立ち上げたり、新しい組織を作ったりもしていますが、一方でたくさんのメンバーが一緒にビジネスを続けています。

そんな中、私のスタート地点は違います。私は私で、自分ひとりでビジネスをやってきました。ビジネスを始めた当初からずっとひとりビジネスでしたし、この形がいいと思い続けてきました。そんな私が、ひょんなきっかけで今の環境にやってきて、そこから一緒に組織を作ることになったのですが、最初は正直、戸惑いもありました。

自分の立ち位置がわからなかったんです。当時他のみんなは、ここで頑張ってきた人たち。でも私は、いわばふっとやってきて、ふっと一緒にいるようになった。迎え入れられる儀式があったわけでも、大きな変化の中でそうなったわけでもありません。以前の環境がうまくいっていなくて、私が呼ばれたわけでもありません。本当に言葉通り『いつの間にか一緒にいた』のです。

でもひょんな流れから、現在のビジネスパートナーとつながりができ、本当に軽いノリで一緒に法人を立ち上げることを決めました。そして法人を立ち上げた後で、どうやって自分のポジションをその場に作っていくのか、考えに考え抜きました。

一般的には、考える順番は逆なのだと思います。自分の役割やポジションがあることがわかって初めて、関わり始めるのが一般的な流れなのでしょう。でも、そんなことは考えもしませんでした。良い流れである気がするから、とりあえず乗ってみよう。そして乗ってから、しっかり考えよう。この順番は、よくよく考えると私が決断する時の癖のようなもの。でも実は、多くのうまくいく決断の順序はこちらなのだと今は確信があります。私に限らず、よい流れに乗れる人というのは、乗ってから考える人なんです。

一体、どうやって私が今のポジションを築いたのか。自分でも考えてみたことがあるし、聞かれて説明しようとしたことも何度かあります。でも、あまり言葉で論理的に説明はできませんでした。

とにかく、その時々で、自分がここに必要とされるためには何ができるのか、大きなこと、些細なことを含め、一つひとつの行動、発する言葉について考えに考えまくりました。これだ!というキモがあったわけではありません。とても小さなことの積み重ねと、幾度となくやってきた小さな流れに、パートナーと法人を立ち上げた時と同じように、ひょいと乗り続けた。この積み重ね以外にないんです。

だから、具体的にどうやったらいいという、誰にでも当てはまる方法は生まれませんでした。代わりにその時々の大小含めた状況に対して、どう考えるべきかという思考は生まれ続けました。ただひたすらに、自分にとって心地良いことではなく、この場所のため、ここに集う人たちのために何ができるかを考え続けた。たったこれだけのことがすべてなんです。

こういうことをいうと、なんだか根っこの美しい、純粋な人間のような印象を与えてしまうかもしれません。でも残念ながら、私はそんなに純粋でもなければ、心の美しい人間でもありません。自分の利益のこともたくさん考えます。純粋に利他主義なのではありません。自分にとって心地良い環境、自分の利益や成長につながることを一番に考えるならば、何より人のことを考えれば良いということを心からわかっている。それだけなんです。

だけど、相手のために何かをやっている時に、『この行為のベースには自分の利益がある』ということはカケラも考えないし、完全に忘れ去っています。自分にとっての利益を考えると、相手にとって正しい選択のためのアドバイスができなくなってしまうからです。自分の利益だけではなく、周りからの印象を良くしたい、良く思われたいという気持ちも一緒です。そういう気持ちが少しでも出てきてしまうと、目の前の人に集中できません。

そう考えると不思議ですよね。私は究極の利己主義なのかもしれませんが、それを実現するための方法論として、究極の利他主義の思考を持って行動しているんです。あらゆる物事、森羅万象のすべては、二元的なものだと私は感じているのですが、この利己主義と利他主義が内在している私自身もまた、二元的な存在なのだと思います。

自分の役割は自分で作る

私は私だけのポジションを作り、ここにいることを選択しました。そして選択を日々行い続けています。常に選択し続けているということです。ひとつのポジションを作ったからといって終わりではないんです。次々にやってくる流れに乗って、もっと自分にできることはないか、もっと私自身を役立たせることはできないか。毎日、毎時間、毎秒考え続け、考え抜く時間も別に持つようにしています。

最初に作ったポジションは、新しく作った法人に関するビジネスをうまく動かし成長させ続ける役割、代表として経営していく役割です。そしてそこに関わる人たち個人個人のビジネスもうまくいくように導くこと。協力すること。ひとりでも法人に多く関わってくれる人たちを増やすこと。そして次は法人の枠を超えて、関連する会社や組織に関わる人たちがそれぞれの役割をうまく果たせるよう働きかける役割でした。

そうやっているうちにどんどん人が増えていき、今度は大きく形を変える時がやってきました。また新しい法人を作り、新しいパートナーと一緒に共同経営していく。今は引き続きそういったビジネスの形を新たに作り続けていく役割や、ノウハウ開発や実験、アイデアを出して環境をより良いものにしていく役割です。

もちろん、私ひとりで担っているのではなく、たくさんの仲間たちの協力あってこその新法人、新事業、そして新しい仕組みの導入です。パートナーだけではなく、たくさんの助けを借りたり手助けしたりして、やっていくことができています。そうやって新しい事業ができていくと、そこにまたたくさんの付随するビジネスが生まれ、お金の流れが生まれます。助けてくれる周りの人たちに還元していくこともできます。それはお金だけではありません。新しい成長の場や、刺激もたくさん生まれていきますし、それに伴い新しい人たちもたくさん集まってきます。

私の役割もそれに伴ってどんどん増えていきました。自然に増えたというよりは、存在しなかった役割を自分で探し出し、何もないところから役割を作り出していくイメージです。新しい事業を見つけ、作ること。そこに人やお金の流れを作ること。新しく集う人たち、そしてこれまで一緒にやってきた仲間たちがどうすれば今以上に良くなるかを考え続け、実践し続けること。大雑把にいうとそんな役割です。

そしてもうひとつ。私が当初、この環境にやってきた時、自分のポジションを探しあぐねていたように、新しくやってきた人たちはやっぱり、最初はポジションがしっくり来ず、なじめないことも多いんです。だからその橋渡しになるという新しい役割も生まれました。この役割も、決して私ひとりが担っているわけではありません。

場を作るためには、どうしても周りの協力も必要です。「協力して!」、とストレートに伝えることもあれば、なんとなくそんな雰囲気を作っていくというのも大切な仕事のうちです。そして何より、私の中で生まれ続ける新しい仕事をどうやってうまくこなすか、どうすればうまくいくのかを考え続けることこそ、私の一番の仕事です。

さらに、今は新しい仲間を集めることを考えています。これからビジネスを始めたい人たちに集まって来てもらえる仕組みはあるのですが、もっと裾野を広げていきたいと考えています。一方で、今私が夢中になって考えているのは、何かスキルを持っているんだけど、それをどう活かしていいのかわからない方。特別な知識があって、それを広げたいと考えているのだけれど、どう広げていったらいいのかわからない方。そんな方と出会える場を、もっと作りたいのです。せっかく世の中に役立つスキルや知識、才能を持っているのに、それに気づいていなかったり、気づいていても広め方を知らない、広め方が適切ではなく、思い描くようなスタイルが目指せない。そんな方の役に立ちたいと、切に思っています。

例えば、この本を書いている時点で、あるプロジェクトが進行中です。まだ進行中なので残念ながら詳しいお話はできないのですが、あるスキルを持っている方がいて、そのスキルを世に広めようとしています。最初そのご本人は、まだまだ先の夢だと思っていたみたいなのですが、そのスキルを私自身で体験してみたら、「早く世に出してほしい！」と心から思えるものでした。そこで一緒に組んで、しっかりビジネスとして立ち上げることになったのです。完全に裏方の仕事に徹します。

そんな風にすでに何かしらのスキルを持っているのに気づいていない方も多いですし、そもそも自分のスキルや知識がビジネスになると考えていない、考えられない方も多いです。そんな方の力になれるよう、もっと出会いの場を作るのが、この執筆時点での私の目標のひとつです（あなたが手に取ってくださったこの時点では、もしかしたらできているかもしれませんが！）。

私はもともと欲張りなので、できることは全部やりたいと思ってしまいます。でも、こんな風に誰かと組んで、その力を借りることも、大切な仕事のうちだと考えています。他人の力をうまく引き出すことに対して徹底的に考え抜きますし、いろいろと試してみます。

もしすべてが自分の手で行えるとしても、必ずしもそうすることが最善であるわけではないのです。自分の能力を過信せず、時間は有限だと知り、自分の時間を増やす、つまり人の力を借りることで、スピードアップしたり時間を節約したりして、目標地点に早く正確に到達する。そのほうがより建設的だと感じるのです。

ひとつ見つけ、ひとつ捨てる

自分の役割、自分のポジションが見えてくると、安心感が生まれます。その場に自分がいること自体がしっくり来ます。

みんなそれぞれ、自分の役割を探しているものなのではないでしょうか。でもそれは、自分の内側にだけ向かって考える、つまり自分探しをすれば見つかるものではありません。役割というのは、人との関係の中にしか存在しないからです。もちろん自分を客観視して適切な役割やポジションを見極めることも必要なのかもしれませんが、それ以上に大切な考え方があります。それは『見つけた役割に対し、自分が適応していけるように考える』ということです。

始めから自分にぴったりのポジションが落ちているのは奇跡です。そんな奇跡を期待するのではなく、自分で作り出していくほうが可能性に広がりが生まれるし、次々に自分の役割を増やし、自分の居場所を作り、増やしていけるようになります。奇跡に期待し続けている限りは、ずっと待っているしかありませんし、そんな風にのんびり待っている時間が残されているとは限りません。

役割を見つけたら、捨てていかなくてはならないこともあります。ひとつ受け入れるということは、何かをひとつ捨てることでもあります。捨てるからこそ、新しいものが手に入ります。

例えば、新しい役割を果たすためには、時間が必要です。そうすると、今までやっていたことで、できなくなることがあるかもしれません。役割が見つかることで、関わる人が増えたり、新しい人間関係に飛び込んでいくことになったりするかもしれません。そうなると、元々関わっていた人たちと関われなくなったり、その時間を削ったりすることになるかもしれませんよね。それがある意味、捨てるということです。

ですが、捨てるということを大げさにとらえないでほしいんです。捨てるといっても、未来永劫自分のものではなくなるとか、自分の世界の中から消え失せてしまうということではないからです。単に、今は置いておく。必要な時が来たらまた取り出す。そんな感覚です。そうしないと、全部を自分の手で行わなければならない気持ちになります。
すべてを自分で行うのは不可能なので、人の手を借りたり捨てたりしていくべきなのですが、最初はそれを拒否したい気持ちになるかもしれません。

冷静に考えてみてください。それは無理だし、単なる欲張りな思考です。私自身もそうだったからわかるのですが、ちょっと自信過剰の傲慢な思考でもあります。全部自分でできると、自信がつくかもしれないし自己満足に浸れるかもしれません。でも、それはやっぱり自分にしか思考の方向が向いていません。関わる人たちのことを考えた時に、自己満足は他の誰のためにもなっていません。それはつまり、自分が瞬間的に気持ち良いというだけで、長い時間軸で考えて生産的でもなければ、自分に利益をもたらすことでもないのです。

瞬発的な自信や自己満足が得られないからといって、精神面で自分に返ってくるものがないかといえば、そんなこともありません。人の役に立つということは、自分に返ってきた時に瞬発的ではなく、精神的に深く浸透する自信や自己満足に変わっていきます。なので、今は安心して持っているものを捨ててしまってください。新しい役割を見つけたなら、以前の役割を手放してください。すべてを得ようとしないでください。すべて自分の手で行おうと考えなくて大丈夫です。

全部できる人より一点に特化した人

ゼロからビジネスを始める場合、どんなスキルを身につけるべきか、自分が何に向くのか分からない場合も多いです。よく、「私は人と話すのが下手で…」と流ちょうに話してくれる人がいます。自分では苦手と思っていることでも、傍から見ると「思い込みだよ！」と突っ込みを入れたくなることも多いです。

また向上心が高い人は、できないことがあるのを辛く感じてしまいます。一から百まで全部自分でやりたい。できないことをなくしたい。その気持ちは素晴らしいと思います。私がやってきたビジネスでは、ひとりで一から百まで行うこともできるし、それで十分余裕のある生活ができる程度には稼ぐことができます。

でも、そこで立ち止まって考えてみてほしいんです。本当に全部自分ですべきなのかということを。

私はどちらかというと、全部自分でやってきてしまいました。いろんなことを教えられるというメリットは手に入りましたが、何かの専門家というポジションは得られませんでした。結果、私にとってはいいことではあったのですが、考え方や自分自身どうしたいのかによっては、マイナスになることもあります。

仮に専門家というポジションを得るとしましょう。例えば整体師のためのインターネット集客の専門家、と名乗ることができれば、整体師をしていてインターネットでお客様を募りたい人が集まってきます。また、簡単に自分で更新できるホームページを開設するための専門家、と謳えば、あなたがずっとお客様のホームページを管理する必要はなく、教える側の専門家ビジネスができます。他にもコピーライターとして独立するとか、WEBデザイナーとして独立する、あるいはコンセプトが秀でたカフェを開くとか。こんな人に集まってきてほしいという明確な願望があって、それを叶えるためには、実は幅広くなんでもできる必要はないんです。

それよりも、今挙げたように、何かに特化した人、何かに秀でた人と認識されれば、彼らが専門としている部分を補いたい人からコンタクトが届くようになります。例えば自分が販売の専門家であり、集客について求めていたなら、集客の専門家と一緒になれば最強の組み合わせになるわけです。

逆にすべてができるようになると、印象としては『何ができるのかわかりにくい人』なんです。インターネットを使うことであれば何でもできますよ！というより、国産パソコンの修理を承ります、といわれたほうが、明確に仕事を依頼しやすいのです。

もしこれから、まったくなにもわからない所から知識をつけていくとしたら、どの知識をつけるべきか判断しにくいかもしれません。そんな時はわかる人に聞けばいい。全部自分で行うほうがよいと考える必要はありません。やってみないと、得意不得意、やりたいやりたくないは見えてきません。でも、全部をずっと同じウェイトで続ける必要はありません。たくさんのことがほどほどにできる人は、一見すると何もできないように映ります。そうすると、一目置かれるためにはすべてをレベルの高いことまで伸ばさなくてはならないのです。

できないことはできないと言う。できないことはできなくていい。その代わり、自分のできること、得意なことは目いっぱい伸ばす。できないことは人に任せたり、人と組んだりする。そんな感覚を持ったほうが、ビジネス全体としてとらえた時に、受け取る側の人も幸せだと思いませんか？　より良い商品、よりステキなサービスを手に入れることができるし、あなた自身にも時間と心の余裕が生まれます。

Message for You

自分の役割とか、居場所とか。あるとほっとしますよね？だとしたら、いつでも自分の役割を作り出すことができれば、もっと素敵だと思いませんか？

そのためには、自分を知ることももちろんなのですが、それ以上に、その場所に足りないものや、あるともっと良くなるものを見つけること。

もし、今のあなたに、それを埋められなかったり、作れなかったとしても、大丈夫。できるようになればいいし、もっと必要とされるところに動けばいい。

今のあなたで最終判断を下さないでください。今、完璧でなくても、大丈夫。完璧になったら、そこで終わりです。

それよりも、どんどん成長していける方が、ずっと可能性に満ちていると思いませんか？

PHASE 5

フェーズ 5

思考からの解放

思考から解放される思考

このフェーズ5の前半では『思考から解放』される方法について、できるかぎりお伝えしていきます。思考から解放されるとは、お金、時間、場所にとらわれることなく、安心感を得たい時に得られたり、楽しみたい時に楽しめたり、また悲しみに浸っていたい時には浸れたりといった風に、思考の切り替えが自由自在にできる状態になることです。つまり、自分の思考から解放されるための思考を手に入れた状態のことです。

できる限りお伝えする、というのは、この自分の思考から解放されるための思考を手に入れるには、感覚的なことも多くあり、フェーズ5前半を読んだだけではすぐにピンと来ないかもしれないからです。繰り返し読んでいただくのもいいのですが、もしかしたらこの書籍を通してだけではなく、他の方法でもお届けさせていただくかもしれません。

自分の思考から解放されるといっても、実はシンプルです。要は、思考の切り替えが自在に行えるようになれば、お金や場所、時間に縛られた思考からも自由自在に解放されることができるようになります。お金、時間、場所にとらわれないようにしようと思った瞬間に、とらわれない思考に切り替える。反対にとらわれたいのであれば、とらわれる思考に切り替えられる。ただそれだけのことです。

では、思考から解放されるための思考、つまり自由自在に自分の思考を切り替えるためには、どんな思考が必要なのでしょうか？　その話をする前に、まずは『思考』から解放されるために『思考』が必要、という概念についてお伝えしておきます。あなたの中にある思考は、「これだけ！」というたったひとつの思考で構成されているわけではありませんよね？　こんな場合はこういう思考パターンが働くとか、状況やその時々の気持ち、調子などで思考は変化します。変化するといっても、根本的な思考は変わらないはずです。その根本的な思考は、いくつかの思考で構成されているのですが、構成する各思考をそれぞれ自在に操ったり選択したりできるようになることを、ここでは『思考からの解放』と呼んでいます。その各思考から解放されるステップを踏んで、思考全体から解放されていきます。

それでは、思考から解放されるための思考、つまり自由自在に自分の思考を切り替えるための三つの思考法について、私が行き着いた答えをお伝えしていきます。

必要な思考法1
本質をとらえる思考

そもそも私は、ビジネスを通して、ビジネスに必要な思考を学びました。でも実はそれ以前に、知らず知らずのうちに料理の仕事を通してもビジネスに通じる思考を学んでいたことに気づきました。ビジネスを実践する中で、もっとビジネスでうまくいくために必要な思考や物事の本質について考えまくった時、料理も同じだったと気づいた、というほうが正確な表現なのかもしれません。

例えばビジネスの場合。その原理原則を紐解き、本当の意味で理解できれば、新しい流れが生まれた時にも対応の仕方がわかり、他のさまざまなビジネスにも応用が効きます。ひとつのビジネスを真に理解するということは、他のビジネスの理解にもつながります。なぜなら、ビジネスの基本は集客と販売から成り立っていて、その集客方法と販売方法に色々な方法があり、さらにそれらが組み合わさって成り立っているからです。

もちろん、実践するためには集客方法や販売方法の具体的なところまで把握しなければなりません。自分でビジネスを設計したり、誰かのビジネスにアドバイスしようと思えば、そのビジネスにどんな集客方法が合い、どんな販売方法を取り入れるべきかわかるようになるべきです。ですが、世の中のありとあらゆる集客方法や販売方法について、一つひとつ覚え、理解し、実践する必要はありません。個々に特性があり、それを知ることが必要とはいえ、集客には集客の原理原則があり、販売には販売の原理原則があります。今度はそれを理解すれば、新しい集客方法を知ったとしても、大枠は把握できるのです。これが真に理解しているということなのです。

料理も同じです。料理における原理原則を理解すれば、あとは必要に応じて組み合わせるだけです。焼く、ゆでるといった調理法や、それぞれの食材の特性を知り、でき上がりをイメージし、組み合わせていけばいいのです。作るには、当然スキルの習得は必要です。これはビジネスも同じです。でも紐解いていけば、一つひとつはシンプルで、それほど難しいことではないのです。練習してできないようなことは決してありません。

原理原則を紐解き、真に理解し、応用が効くようになる。この一連の流れができるようになるということが、物事の本質をとらえることができるということです。本質とは、その物事の揺るがない性質のことです。本質を知るだけなら、原理原則を紐解き、理解すればいいわけで、応用を効かせる必要はありません。でもそこで止まってしまうと、『使える』レベルになっているとは言い難いのです。私の伝えたい『本質をとらえる思考』とは、応用が効くレベルの話。使えなければ手に入れる意味はありませんよね。

本質をとらえる思考を手に入れると、一を知って十を知る状態になれます。学ぶスピードが格段に速くなり、欲しいスキルに対して見当違いの勉強をしたり、遠回りの習得方法を実践したりするようなこともなくなります。

また、本質をとらえる思考は、他の能力獲得にもつながります。例えば問題解決能力です。問題を解決するためにはまず、問題の本質をつかむことです。問題の本質をつかむことができれば、解決すべき問題とそうでない問題の判断ができます。解決しなければならない問題がわかれば、今度はその問題の本質をつかみ、解決策を見つけるだけです。このように本質をとらえる思考によって、問題解決能力も手に入れることができるのです。

では、実際に『本質をとらえる思考』を手に入れるにはどうすればよいでしょうか？　本質をとらえる思考は、この3ステップから成り立っています。

1）構造化する
2）個々の構造を理解する
3）構造化したものを抽象化する

一つひとつ見ていきましょう。

1）構造化する

構造化するとは、物事を要素に分けていくことを指します。先ほどの例でいくと、ビジネスは大きく分けると、集客と販売という二つの構造で成り立っていることがわかります。

大きく分けた構造はさらに細分化していきましょう。例えば集客には、インターネットで行う集客と、オフラインで行う集客があります。インターネットで行う集客の中にも、お金を支払う集客方法、つまり広告があり、それ以外にお金のかからない集客方法があります。そのそれぞれの集客方法には…というように、細かい構造を見ていきます。どこまで見ていくかというと、自分が把握できるところまでです。例えば、『集客』という言葉はまだ抽象度の高い言葉です。対して、『フェイスブック広告を使って○○なお客様をこれくらいの期間で集める』となると、かなり具体的になります。具体的なところまで落とし込むと、その物事を把握しやすくなります。どこまで落とし込めば把握できるのかというと、それはその物事に対して持っている前提の知識や経験、理解度によって変わってきます。あなた自身がつかめるところまで具体化するのがポイントです。

2）個々の構造を理解する

構造化したそれぞれの要素を、知っているという段階から、理解できている段階へ移行する必要があります。知識を持つだけでは理解できている段階へ移行できない場合、実際に実践して『理解できる』まで落とし込んでいくことも時には必要です。ここでも、実践が必要かどうかは関連する要素へのこれまでの知識の幅や経験によって変わってきます。

ここまでが原理原則を紐解き、真に理解するステップです。

ちなみにここまでのステップは、目標設定にも応用することができます。目標を決め、その目標に到達するために必要な要素を考えて理解していく。一つひとつの要素を実行していけば、目標に達成します。もちろん実行していく際に知識の習得や実践、時には軌道修正も必要になります。

3）構造化したものを抽象化する

今度は具体化したものを逆に抽象化していきます。この抽象化させるのが、応用を効かせるために必要なステップとなります。

具体的に把握するとは、ひとつの物事への理解を深めていくことです。ひとつの物事で理解したことを他の物事へ活かす、つまり応用を効かせるためには、具体化の逆である抽象化をする必要があります。

例えば、先ほどビジネスから始まり、集客についての構造を紐解く例を一緒に見てきましたが、この抽象化ステップでは、構造をいちいち紐解かなくても『集客』と聞けばそれが何か理解できている状態になることです。一度具体的なものとして理解し、今度はそれを抽象化することで、応用することができるのです。そうしないと、なんとなくわかっているけど使えない、なんとなく知っているんだけど説明ができなくて、ぼんやりしている状態で終わってしまいます。

『本質をとらえる思考』を応用が効くレベルまで習得すると、世の中のありとあらゆることを抽象化し、他の物事に置き換えて考えることができるようになります。行動の無駄をなくし、問題を解決することもできるようになります。

この本質をとらえる思考こそ、自由自在な思考を手に入れ、雲のような生き方をするために必要な思考のひとつなのです。

必要な思考法2 感情を手なずける

思考から解放されるために必要な二つめの思考は、感情に関する思考です。

多くの人は感情から解放されていません。つまり感情に支配されながら暮らしている状態です。感情に振り回されていたり、事実に意図しない感情が結びついて事実を正確に把握することができず、感情に支配されて本当に望む選択ができません。何かが起こった時に、すぐに感情的に反応してしまいます。本当は、起こった事実と感情は別物にもかかわらず、事実と感情をごちゃごちゃにしてしまい、事実に対して感情的に反応してしまって、事実に望まない解釈を加えてしまいます。

例えば、起こった事実に対して『嫌』という感情で反応してしまうと『事実＝嫌』と解釈してしまう。事実はただの事象であって、そこには好き嫌いといった感情は本来ないんです。良い悪いといった善悪さえもありません。それなのに結びつけてしまうのは、意識的に感情を結びつけようとして起こることではなく、無意識の癖や習慣によって引き起こされることです。事実に対して望んでいない感情が結びついてしまえばしまうほど、感情によって選択を支配されてしまいます。

感情が無意識に反応してしまうと、言動まで反応的になってしまいます。例えば思わず人の気に触ることを言ってしまったり、突発的に発言して誰かを怒らせてしまったり、考えずに行動してしまって嫌われてしまったり。自分自身も、周りの人も不幸になってしまい、結果として自分の望む未来を得ることができなくなってしまいます。

逆に感情から解放されると、好きな時に好きな感情になれたり、自分の中にある思い込みから脱却できたり、なりたい自分になれたり、過去を変えることまでできるようになります。

感情からの解放は、世間でよくいわれる感情のコントロールとは少しニュアンスが違います。私がここでお伝えする感情を解放するというのは、感情を手なずけるイメージです。

私は感情を手なずけることで、感情に支配されずに、自分が本当に望む選択を自然とできるようになりました。もちろん自分の感情についてはまだ勉強中で、どの瞬間もうまくできているわけではありません。でも今は、感情に支配されて自分の選択のコントロールを失うことはありません。人生は選択の連続です。人は、その瞬間瞬間で意識して、時には無意識のうちに選択を繰り返しています。その選択の一つひとつが人生を形作っているんです。そのため、自分の本当に望む選択ができるようになってきたことが、私の人生を望む方向へと進めていくことにつながってきました。

ここで勘違いしないでいただきたいのは、感情を捨ててほしいわけではないということです。私たちにとって感情はとても大切なものです。不安が新しい世界へ行きたくなった時のサインであるように、湧き起こる感情は自分を知るためのサインだからです。その感情をしっかりと客観的に見つめながら、それに振り回されないという感覚が大切なんです。

事実は事実、感情は感情として受け止めることができたら、あなたの可能性はグッと広がります。なぜなら、本当に自分の望む未来への選択ができ、流れに乗ることができるようになるからです。今までは事実に対して感情的に反応してしまい、本来自分にとって良い事実にできたかもしれないのに、悪い事実であると解釈してしまい、本当は望んでいたはずの未来への選択ができず、流れに乗れなかった。逆に、自分にとって望ましくない事実であったにもかかわらず、感情的に反応してしまい、思わぬ方向を選んでしまった。そうした感情的な反応の結果が、今のあなたに行き着いているのかもしれません。だからこそ、その結果を変えることができれば、あなたの可能性は広がるのです。

感情を手なずけると、あなたの人生を変えるような可能性やチャンスに巡り合う機会が増えていきます。

では、実際にはどのように感情を手なずけていけばいいのでしょうか？　感情を手なずけるには、まず感情と事実を区別し、感情の癖を知ることが必要です。その上で、感情の『レーダー機能』を使ったり、感情を変換したりすれば、感情を手なずけることができます。

一つひとつ詳しく見ていきましょう。

■感情と事実を区別し、癖を知る

どんな時にどんな感情が反応的に出てくるのか、自分の感情に関する癖や習慣、先入観を知りましょう。そのために行うことは、どんな感情であれ感情が起こる度に、感情を引き起こした事実を事実としてそのまま認識することです。何かが起こった時、自分の中にどんな感情が生まれることが多いのか。事実に感情をどんな風に結びつけているのかを一つずつ紐解いていきます。無意識に事実と感情を結びつけてしまうのが、すでに持っている癖や習慣、先入観なのです。

感情と事実を切り離して考えることを習慣化するまで繰り返すと、だんだん感情を客観視できるようになります。そうすることで、今度は意識しなくても事実と感情を別のものとしてとらえることができるようになります。ここまで来れば、感情を手なずける一歩手前です。

■感情の『レーダー機能』を使う

感情の特性をうまく活かすと、レーダーとして機能させることができます。感情をレーダーとして使うというのは、感情に支配されず、感情が起こった時に自分を知るための手がかりとして使うということです。この感情の大切な機能であるレーダーとしての役割について、少し説明を加えますね。

感情に支配されず、感情と向き合うことができるようになると、たとえ一時的に感情的になっても、早いタイミングで切り替えることができ、感情を引きずらなくなります。そして反応的になることがどんどん減っていきます。反応的になるというのは、物事が起こった時に過去の対処方法の癖や習慣が自動的に出てきてしまうことをいいます。これではいつまでたっても、どんなに成長しても過去の自分を生きていることになり、成長し甲斐がありませんよね。

さらに、反応的な行動が少なくなるにつれ、感情をレーダーとして働かせることが上手になっていきます。感受性が豊かになって、やってくる感情を楽しめるようになります。それがどんな感情でも、楽しんで良いと思えれば楽しむことができます。どんなことがやってきても、自分で選びたい感情を選びながら、物事に対処していけます。

当然、たとえようのない悲しいことや悔しいこと、怒りを覚えるようなこともあるはずです。でもそこでその感情に沈み込んでしまうのではなく、感情をレーダーとして働かせることができたら、自分へのダメージを最小限にすることもできるし、少しでも早く気持ちを切り替えることができます。

例えば、悲しい感情を引き起こす物事が起こった時は、自分がどんなことで悲しみやすいのかを知ることができる機会ともいえます。そして事実は事実、感情は感情として切り分けてとらえることができるようになります。そうすると、もしかしたら実際には悲しむべきことではないと気づくかもしれません。これからは悲しみやすいことをなるべく避けるように行動できるかもしれません。感情に支配されていると見えなかったことが、よく見えるようになるのです。

そして日常の些細な出来事でさえ、十分に楽しむこともできるようになります。

■感情を変換する

感情を変換するというのは、事実と感情を切り離した後、事実に対し好きな感情を結びつけるということです。そうすることで好きな時に好きな感情になることができます。

では、どうやって好きな感情を結びつけるのでしょうか？　実はこれは簡単なことなのです。なぜなら、あなたはすでに事実に対してこれまで、勝手に感情を付け加えてきました。そして今、その感情を付け加える無意識のパターンを認識しました。それを逆手にとって、今度は無意識ではなく、意識的に感情を選んで結びつけてしまえばいいのです。

意識してもなかなか好きな感情をつけられないかもしれません。そんな時は、論理的に解釈してみてください。例えば、面と向かって悪口を言われ、怒りの感情が生まれたとします。悪く言われると怒ってしまうのが、あなたの癖だったとします。悪口を言われるという事実が起こると、怒りの感情が生まれる、というパターンがわかります。つまりあなたは自分の怒りの感情が生まれるパターンをひとつ理解しました。

ここで、事実について論理的にとらえてみます。悪口を言われることは、怒るべきことなのでしょうか？　より良くなるためのアドバイスをもらったととらえ直したらどうでしょう？　これは怒るべきことではなく、感謝すべきことに変換されます。悪口を言われたら、感謝する。これを繰り返し、習慣化していきます。すると、悪口を言われたら感謝の気持ちが湧く。こうして感情を変換することができます。

感情と事実を区別し、自分の癖を知り、感情の『レーダー機能』を使いこなし、感情を変換できる。つまり感情を手なずけると、さまざまなことができるようになります。例えば…

・なりたい自分でいられる

感情を手なずけると、自分をどう見せるか、どんな自分でいるのかも自分で決められます。本来、人は自由で、自分で自分がどうあるかは決めていいのですが、感情に支配されていると周りにどう思われるかが気になったり、自分を抑制したりして制限してしまったりと、自分で自分のあり方を決められていない場合がほとんどです。

でもせっかくの人生なんだから、自分が生きやすいように生きられたほうがいいと思いませんか？それは、自分さえ良ければそれでいいという、人に迷惑をかけまくって生きることではありません。人に迷惑をかけることが何よりも自分の心からの喜びだという人なんていないはずです。

それよりも、周りに必要とされたり、好きな人に好かれたり、自分も周りも居心地が良い自分勝手さとわがままさを持って、好きなように生きていく。そんな生き方をしているほうが素敵ではないでしょうか。

だからこそ、自分がどうありたいかを決めることも大切ですし、自分が自分のありたいようにあるためには、人にどう感じてもらうかも大切なんです。自分の感情の中にだけ浸ってしまっていると、自分の言動で相手がどう感じるかまで考えが及びません。例えば八つ当たりしてしまったり、怒りの感情を攻撃的にぶつけてしまったり。そんな風に自分が今つかまっている感情から解放されるがためだけに周りの人を使ってしまうことになります。それでは、相手のことを考えているとは言い難いです。自分の感情の中だけで生きるのはやめにしましょう。

自分の感情を自分の外側に置くイメージを持って感情と向き合い、自分と一緒にいる相手がどう感じるかを考え、浸らないようにしてください。

・思い込みからの脱却ができる

感情の中に浸っている自分自身の外に出ると、自分の可能性が無限に広がっていきます。感情的になっていると、その感情こそが自分であると誤認してしまいがちです。例えば、怒りの感情が強ければ自分は怒りっぽい人間だと思ってしまうし、ネガティブな感情が出てきやすければネガティブな人間だと思い込んでしまいます。でも本当はそうではないかもしれません。単に感情に浸ってしまい、それが当たり前だと思い込んでいるだけで、本当は怒っていたくないし、ネガティブな感情に支配されていたくなんてないのではないでしょうか。

これは感情だけに限ったことではありません。自分はこれが得意でこれが苦手、こんなことが好きでこんなことは嫌い。そういう思い込みで自分を作ってしまいます。

確かに、自分を知ることは大切なことです。でも決めつけたり、間違って思い込んだりすることとは違います。私たちは人との関係性の中で初めて自分を知ることができます。ということは、誰と関係を持つかで自分は自在に変化するはずです。決めつけてしまったり思い込んでしまったりすればするほど、自分で思い込んでいるだけの自分でしかいられません。

誰でも常に心の中に二面性を持っています。ネガティブとポジティブ。怒りたい気持ちと許したい気持ち。頑張りたい気持ちと怠けたい気持ち。成長したい気持ちとこのまま変化せずにいたい気持ち。今の自分とは、どちらがどれだけ前に出てきているか、そのバランスでしかありません。そしてそのバランスは、常に一定ではなくて、誰と関わっているのか、どんな状況なのか、どんな気分なのかでも変わってきます。だから、自分とはこういう人だ、あの人はこんな人だと決めつけて、先入観で見てしまうのではなく、常にその時々で過去の印象や感じた気持ちを疑う心持ちでいてください。

・過去を変えられる

過去は変えられるといったら、あなたはどう思うでしょうか？　私にとって、過去は変えられるものです。当然ですが、過去に起こった事実そのものは私には変えられません。だとしたら、過去は変えられるというのは、どういう意味なのでしょうか？

あなたの過去に起こったことは、起こった事実そのものと、その事実に関してあなたが感じた感情で構成されています。つまり、過去の出来事に意味を与えているのはあなた自身なんです。そこに感情が絡みついて、過去の事象にあなたなりの意味を与えています。起こった事実自体は変えることはできませんが、その事実に対して感じたあなたの感情は自由に変えてよい。それが過去を変えられるということの真意です。

例えば、過去、とてもつらいことがあったとします。裏切られて悲しい思いをした。誰かがあなたに言った言葉や、取った行動自体は当然変えられませんし、その時感じた感情も今からは変えようがありません。でも、その感情を今も感じ続ける必要はないんです。

もしその過去の事実があって、あなたの考えが作られ、そこから成長したとしたら、その過去の出来事は決して嫌なものではなく、あなたの未来へよい影響をもたらしたものへと変わります。今までは、単につらく悲しい思い出だったとしても、解釈を変えるだけで、あなたを成長させた素晴らしい思い出、あなたの転機になった出来事に変えることができます。事実と感情をごっちゃにせず、事実にあなたの望む解釈や感情を付け直していいんです。

・感情を増幅させることができる

感情を手なずけることができるようになると、事実に対してどんな感情を結びつけるかを決めることができるだけではなくて、結びつける感情を増幅させることもできます。

例えば、感情を手なずけることで、ハッピーになりたい時にハッピーになれるようになります。どんなことが起こっても、その感情的意味づけを自分から結びつけることができるようになるからです。

事実に結びつける感情を意識的に増幅させてしまうことで、より大きな感情を結びつけることもできるんです。ハッピーになりたい時はよりハッピーになれる。喜びたい時はすっごく喜ぶことができる。ある感情を感じたい時に、その感情をもっと感じられるようになる。人が抱くどの感情も人間的であって、感情があるだけですごく素敵なことなんです。

こんな風に、私は感情を手なずけることで、事実を事実として客観的に選択して、そこに自分が本当に感じたい感情を感じたい分だけ感じて、人生を楽しみながら望む方向へと進めています。感情に支配されているのではなく、手なずけることで、感情から解放されて、未来をどんどん素敵な方向に変えていってください。

必要な思考法3
三元的思考

ビジネスにとても役立っている一方、ビジネス以外でも私の考えのベースになっている論理がありま す。それが『二元論』です。二元論とは、「世の中にある物事の根本的な原理として、すべての物事は背反する二つの原理や要素から構成されるという概念」のことです。

この考えに出会ったのは、私がまだ料理の仕事を主としている頃でした。『人間は食べ物のお化け』という言葉があります。思想家であり、食文化研究家として活躍した桜沢如一さんの言葉です。食の勉強をしていた私は、たまたまこの言葉を知り、そこから『無双原理』という考えを知りました。宇宙の万物は陰陽から成る、という原理のことで、すなわちすべての物質、物事には『陰』と『陽』どちらも内在しているという考え方です。

この考えは、私には食への考え方以上に、日常での思考にとても役立ちました。すべての物事には二面が存在していて、その二面のバランスによって成り立っている。そう考えると、いろいろな物事への理解が深まります。

そして二元論について考え、使えるところまで落とし込んでいるうちに、さらに新しい視点を得ることができました。それが『三元的思考』です。二元論が背反する二つの要素から構成されているのに対し、私が考える三元的思考では、二つの要素に加え、その二つを合わせてひとつとして見る三つめの視点が加わります。

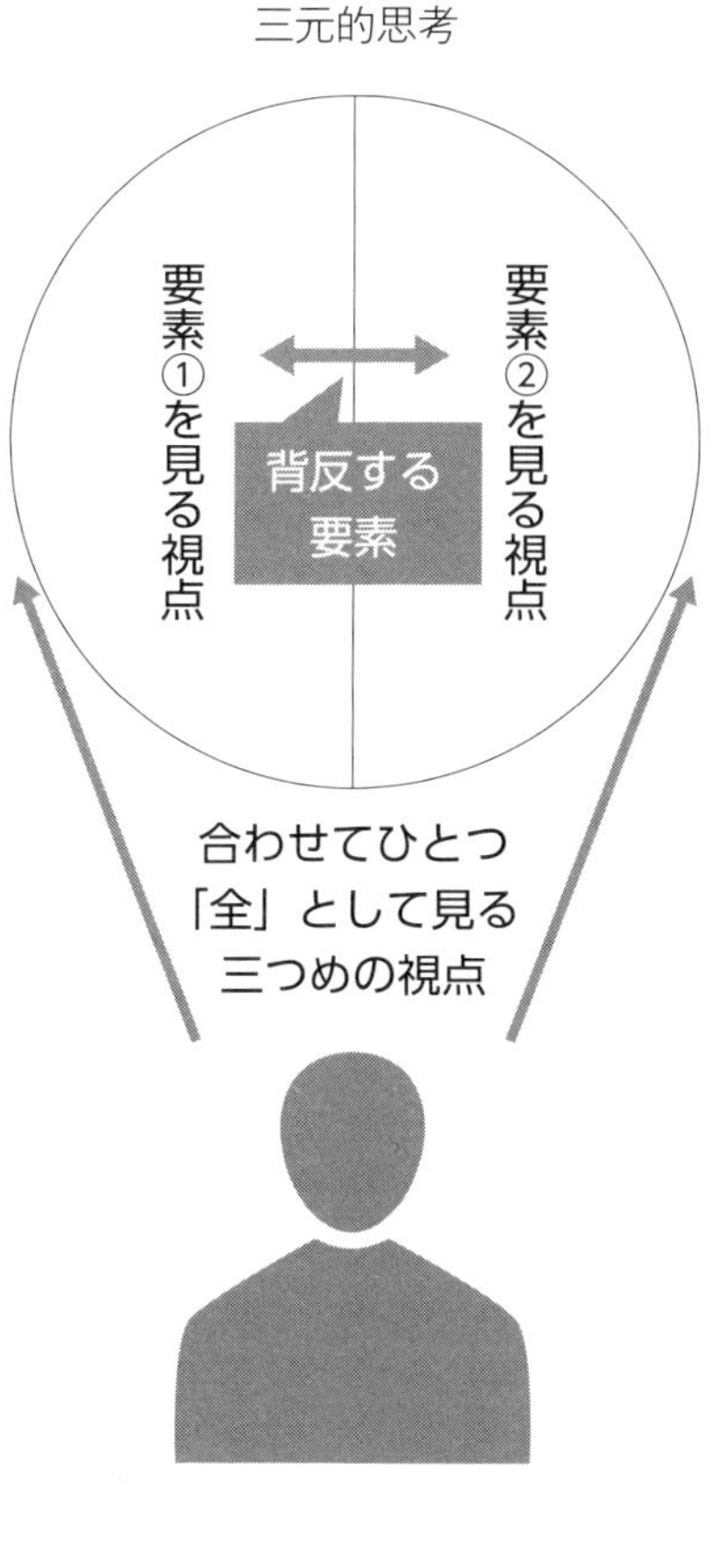

例えば、ポジティブとネガティブが共存し、バランスを取っている状態がいい、というお話をしました。ポジティブとネガティブだけ考えれば、それは二元論です。そこに、『ポジティブとネガティブが共存している状態』という視点を加え、物事を把握するのが三元的思考です。つまり、ポジティブという要素とネガティブという要素、個々の要素として見る視点と、背反する二つの要素が共存している状態としての全体的な視点を加えることで、個別の要素と全体、どちらも把握することができるのです。いわば、『二』と『全』どちらも同時に把握するための思考です。

この考えを理解してから、いろいろな物事に対して三元的思考に当てはめて考えるようになり、今ではビジネスにも生活にも、日常で起こるあらゆることに対して自在に視点を変え、物事をいろんな角度からとらえられるようになりました。視野が広がりましたし、考えも柔軟になり、いろいろな人の考えを本当の意味で受け入れられるようになりました。先入観を消す時にも、何か悲しいことや嫌なことが起こった時にも、素早く個々の事象と全体を把握することもできるようになりました。

といっても私も当然完璧ではなくて、例えば時には感情的になることもあるし、感情と事実がどこからどこまでなのかわからなくて、周りの人のアドバイスを受けることもあります。

でも、何か問題が起こった時にこの考えに立ち返ると、冷静になれますし、解決策においてもさまざまな角度から考えようとする意識を持つことができます。

この三元論的思考を手に入れると、いいことがたくさん起きます。

例えば、相手のことを認め、誰もが特別な存在だと知り、その事実を丸ごと受け入れられるようになります。余計な先入観を捨てフラットに相手を見つめることができます。誰かに極端に期待しなくて済む一方、尊重する気持ちも持つことができます。また自分に対しても先入観を捨て、可能性に制限をかけずに済むようになります。自分の中に謙虚さと自信、満足感とチャレンジ精神などを、良いバランスで持てます。そしてあなたはあなたの望むように振る舞って良いこと、挑戦して良いことも知ります。

ではなぜ三元的思考を手に入れると、こんな風に考えることができるのでしょうか？　具体的な事例を通して見ていきましょう。

■良い悪いの概念を三元的思考で考えてみる

すべての物事は常に変化していると考えると、良い、悪いという概念や、プラスとマイナスという概念も、流動的で一定のものではないと思いませんか？　ただ、言葉の持つ意味から、『悪い＝悪いこと』ととらえてしまっているだけで、言葉に含まれる意味は否定的でも、実際言葉自体には私たちが感じる否定的な意味はありません。本来単語には感情的意味づけはなく、文脈によって初めて感情的意味づけが加わるのです。

例えば、表側と裏側という言葉があります。人で考えた時に、表は良い、裏は悪いか良くない、という印象を受けてしまいがちです。表と裏を相反するものとしてとらえるのか。それとも単に表面を『見えている部分』裏面を『見えていない部分』としてとらえるのか、『単に知らない部分』としてとらえるのか。前者のように相反するものとしてとらえると、善悪で考えてしまいがちですが、『もう一方の側面』としてとらえると、良い悪いの定義ではなく、それは単なる『面』なのだとわかります。

人には必ず誰にでも裏側があると考えること自体は悪いことではなく、単に相手の見えていない側面を見ようとしている視点があるというだけです。ですが、その裏面に対して良い、悪いの意味づけを加えてしまうと途端に意味が変わります。『裏側＝悪いこと』としてとらえると、「何か後ろめたいものを隠しているのではないか」「あの人には裏があってあんな言動をしたんじゃないか？」とうがった見方をしてしまいます。隠していることが何か良からぬ意図があったからだと思えてきてしまうわけです。でも実際はそうではなくて、裏側があるのは単にまだその人が自己表現をできていないだけなのかもしれませんし、あなたに対して表現していない面を持っているだけなのかもしれません。

相手の一つひとつの側面さえも、常に変化している。さらにそれらすべてをひっくるめてひとりの人だという三つめの視点を加えると、両端の側面が同時に存在する相手のことを認め、丸ごと受け入れられるようになります。この人はこういう人だと余計なレッテルを貼らず、過去のその人への印象にも縛られず、その時々での相手をそのまま見つめることができるようにもなります。

■自分が特別な存在だと思い込まないと同時に特別な存在なのだと知る

あなたは自身のことをどんな存在だと思っているでしょうか？　私は自分自身のことを、さして特別な存在ではなく、どこにでもいる人間のうちのひとりだと思っていると同時に、この世の中で唯一の特別な存在だとも本気で思っています。

あなた自身もこの世界で唯一無二の特別な存在であることに疑いようはありません。そんなあなたは、あなたにとっても特別な存在であるはずです。その気持ちを持つと同時に、自分はさして特別ではないし、世界に大した影響を及ぼせるような大きな存在ではないということも認識してみてください。これは一見すると相反する考えに思えますが、三元的思考で考えれば、実際には両立する考え方だとわかります。

あなたという存在は、たくさんの人類の中に存在する、たったひとりの人間です。そしてあなた以外の人間も、一人ひとりが唯一の存在です。と同時に、『人類』という視点で見れば、あなたも誰かも人類を構成するひとつずつの要素にすぎません。つまり個としての存在であると同時に、人類全体の一部としての存在だといえます。個としてのあなたも全体の一部としてのあなたも、どちらも事実であり、その事実は同時に存在しているといえます。これが『二』と『全』どちらも『同時』に把握する三元的思考なのです。

だから世界で唯一無二の特別な存在であると同時に、さして特別ではなく、大勢の中の単なる個であるに過ぎないという、一見すると矛盾する思考が両立するのです。

この思考を手に入れることによって、とても良いバランスを自分の中に持つことができます。自分は常に特別な存在である一方で、特別すごい存在でもなければ、世界的な規模で大きな影響力を持てるような存在でもない。そして特別劣悪な存在でもない。だからこそ、この世界であなたの好きなようにふるまったところで、大したことにはならないのだから、挑戦してみることも気楽にできるのではないでしょうか。でも一方で、大きな影響を及ぼせる存在になることも可能なのです。

これは、他人に対しても同じように考えることもできます。誰もが特別な存在であり、同時にさして特別な存在ではない。この思考を手に入れることで、誰に対してもフラットな見方ができます。極端に特別視したり期待したりしなくて済む一方、世界で唯一の特別な存在として、尊重する気持ちも同時に持つことができるのです。

■燃えられる人と燃えられない人の考え方の違い

冒頭で、燃えたいけど燃えられるものが見つからない人や、燃えたい気がするけど、燃えられるわけがないと思っている人がいるというお話をしました。この燃えたい気持ちと燃えられない気持ちも、三元的思考で考えるとしっくりきます。

私がビジネスを教えている中でも、うまくいきやすい人や早くうまくいく人と、なかなか成果が上がらない人がいます。うまくいく人にはいくつかの共通の要素があるのですが、そのうちのひとつに、時間軸の見方が違うということが挙げられます。うまくいく人は時間に対して三元的な思考を常に意識しています。燃えたい！　そう感じた時に瞬発的に燃えられる短い時間軸と、人生という長い時間軸で物事や自分の在り方を考える。そして短い時間軸と長い時間軸のどちらか片方だけで考えるのではなく、常に両方の時間軸で時間をとらえているということです。

一方で、うまくいかない人、燃えたくても燃えられない人は、時間のとらえ方が中途半端です。瞬発的でもないし、だからといって長期的でもない。一瞬で判断する力がまだ備わっていないのは仕方ないことなのですが、目先にとらわれすぎて、自分の人生単位で考えない。今、目の前にある問題の回避策だけに目がいってしまいます。それではその時はうまくいったように見えるかもしれませんが、自分の望む人生の方向に向かっているかというと、そうとはいえませんよね。目の前にある楽そうに見えることにばかり流されていては、やってくる未来はそれ相応のものでしかありません。だからこそ、短い時間軸と長い時間軸、常に両方の時間軸を意識することが大切なのです。

ここまで、思考から解放されるための思考、つまり自由自在に自分の思考を切り替えるための三つの思考についてお伝えして来ました。この三つの思考を自在に操れるようになれば、サクサクと思考を切り替えることができるようになります。思考が切り替えられると、アイデアもたくさん湧いてくるようになりますし、発想も広がります。またブレない自分を持つこともできるようになります。ぜひモノにしていってください。

雲の生き方の真相とは？

ところで、このフェーズ5にたどり着いたということは、あなたはフェーズ2から順に読み進めて来たのか、もしくはフェーズ1の選択からいきなりこのフェーズ5を読み始めたのか、そのどちらかのはずです。フェーズ2から順に読み進めて来た方には、ビジネスで時間、場所、お金から解放される方法についてお伝えして来ました。さらにフェーズ5のここまでのお話では、思考から解放される思考についてもお伝えしました。つまり時間、場所、お金、そして思考から解放される方法について学びました。そしてこれから『雲のような生き方』を手に入れる方法についてお伝えしていきます。

一方でフェーズ5まで一気に飛んで来た場合は、まだ思考から解放される方法についてしか学んでいません。ですがどちらのコースを選んだ場合でも、これから先を読み進めることで、『雲のような生き方』を手に入れる方法にたどり着くことができます。読み方が違っても行き着く先が同じとは、どういうことなのでしょうか？

まずは、なぜいきなり**フェーズ5**を読み始めても、雲のような生き方にたどり着き、思考だけではなく、お金や時間、場所からも解放されるのかについてお伝えしていきます。**フェーズ5**の前半では、思考から解放される方法についてお伝えしたのですが、それだけでは雲としての生き方にはたどり着けません。私がお伝えする雲としての生き方とは、この本の『**はじめに**』でもお伝えした通り、心の底からの安心感を持っていて、思考の切り替えも自由自在。お金の増減も自由自在にコントロールできる。さらに時間、場所、そして思考からも解放され、『〜しなければならない』というとらわれの思考を持たず、でも持ちたくなったら持つこともできる。つまり、自分の思考から解放されるための思考を手に入れ、さらに時間、場所、お金からも解放された状態のことです。

フェーズ5の前半でお伝えした思考から解放される方法では、文字通り思考からしか解放されません。思考を自在に切り替えることにより、お金、時間、場所にとらわれないようになるだけです。これでは私のいう、『雲としての生き方』にはまだ到達していません。そこで、思考から解放された上で、さらに雲としての生き方を手に入れていただくために必要なことを、今からこの後半部分でお伝えしていきます。

要は、**フェーズ1**の選択で**フェーズ2**に進み、**フェーズ4**まで読み終わり、そこで読むのを止めた場合は『ビジネスを通してお金、時間、場所から解放される状態』までを目指す、一般的な言葉で表現すると『ビジネスパーソン』になる方法でした。**フェーズ1**の選択から**フェーズ5**へ飛び、**フェーズ**

5の前半を読むことで手に入るものは、『思考からの解放』です。これはいわば、仙人のように生きるために必要な、物質社会とは切り離れた思考だけに関する話です。

ですが、私が一番お伝えしたいのは、ビジネスパーソンとしてだけ生きる方法でも、仙人のように物質社会と離れて暮らす方法でもありません。私がお伝えしたいのは、選択肢のひとつとしての『雲としての生き方』です。この物質社会という具現化された世界と、抽象的な思考の世界、どちらも自由に行き来するように、好きな時に思考を具現化し、物質化してこの社会で思いっきり遊ぶ。それが私の考える雲としての生き方です。

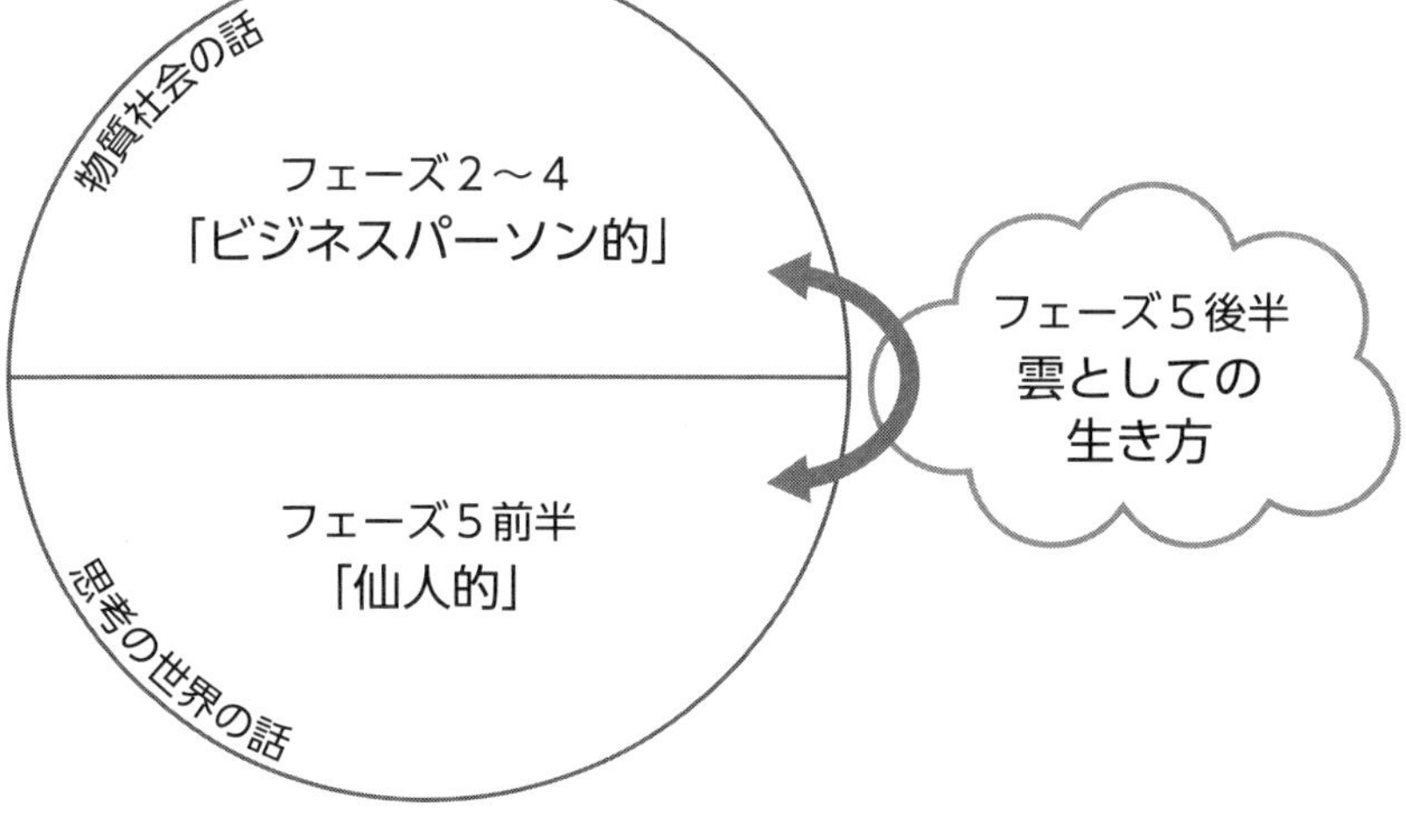

ビジネスの副産物

思考から解放されれば、お金や時間、場所にこだわる必要はなくなります。だとしたら、私はこの『思考から解放される思考』だけお伝えすればよかったはずです。なのになぜ、多くのページ数を割いて、ビジネスについてもお伝えしようと考えたのでしょうか。

思考から解放される最大の目的は、人生を楽しく生きていくことです。楽しく幸せに生きるための思考を手に入れさえすれば、いつだって楽しくて幸せに過ごすことができます。

そしてそんな方法が知りたければ、どんな物事を通してでも学ぶことができます。例えば私は料理やこれまでの生活からも必要な思考を得ていましたし、ビジネスの実践に大いに役に立ちました。ただ、お金を稼ぐだけならこれらの思考は必ずしも必要ではなかったはずです。

当初、私はこの書籍を書くに当たり、ビジネスの話は一切しないでおこうかと考えてもいました。なぜなら、ビジネスについて語らなくても人生を楽しむ思考なら伝えられるからです。

ですが、もう一度よく考え直してみました。本当にビジネスのことを書かなくてもいいのか？　だったらなぜ、私はこんなにもビジネスに夢中になっているのか、と。

確かにビジネス以外のものでも、本質に迫ろうとすれば、結局行き着くところは同じなのかもしれません。だから、何を選ぶのも自由。ということはビジネスを無理に勧める必要はない。そう思ったのですが、でも何か引っかかります。

そこであることに気づいたんです。気づいてしまえば当たり前のことでした。当たり前すぎて、見過ごしてしまいそうなことだったのです。それは、ビジネスを通してこの思考に迫れば、この社会で楽しむためのアイテムであるお金が一緒についてくるということに。

他の仕事でも確かにお金はついてきます。でもご存知の通り、職種によって平均的な収入はほとんど決まっています。その点ビジネスだけは、自分で欲しい収入まで行き着くことができるものなんだと、改めて気づきました。収入が青天井になる。そして取り組むのに資格もいらないし、一言にビジネスといってもいろいろな方法があるから、その中から自分に合うもの、できるものを探していけばいい。だとしたら、やっぱりビジネスは魅力的なものです。

そしてさらに、ビジネスにはそれ以外にもとても大事な要素が加わります。ビジネスを行う上ではその要素についてもしっかり理解する必要があります。それは、『人の性質や心理を知ること』、『人そのものを知っていくこと』です。なぜならビジネスは、誰かの問題を解決することであり、誰かに価値を提供することだからです。人が関わっていなければ、ビジネスは存在しません。

だから、実際にビジネスがうまくいくようになると、人付き合いがうまくなったり、恋愛がうまくいったり、モテるようになったりもします。ビジネスを深く理解すると、人をどんどん知っていくことにつながるからです。

また、自分を知っていくことにもつながっていきます。自分探しをわざわざしなくても、もっと自分のこともわかるようになります。それは、自分も多くの人の中のひとりなので、そのどんどん知っていく『人』の中のひとりに過ぎないからです。

ビジネスを学び実践すると、どう人生を歩みたいか見えてくるし、見えてきた人生を現実化していくことも可能です。逆に人としてどうあるべきかを考えると、ビジネスでもうまくいきます。ビジネスも人生も、その根底にある考え方は一緒だからです。ビジネスという区切られた枠の中で考えることと、それを人生という大きな枠に拡充して考えること、もっというと、もっと大きな世界の視点で考えることも、根底にある考え方は同じことなんです。

私にとってビジネスは、これまでに得た三つの思考を、この世界という名の舞台において現実化させるためのツールでもあり、やはり最高の遊び道具でもあるのです。

ビジネスを実践する、しないは、当然あなたの自由であり、選択次第です。ビジネスに取り組んだとしても、雲としての生き方は実践しなくてももちろん構いません。またビジネス実践の道を選ばず、思考を自在に操って楽しく生きることも、ひとつの選択です。だけど、せっかく生まれた世界がこの物質社会なのだから、その醍醐味を享受しようと思うのならば。雲としての生き方を選択肢のひとつに加えてください。そしてその選択肢を実践する方法に、ビジネスを選んでみるのも面白いのではないでしょうか。

人を知ることがお金を生み出す

さて、ここからは思考から解放される方法を知ったあなたが、さらにその先の『雲としての生き方』を選択したいと考えた場合に、その実践方法についてお伝えしていきます。

それにはまず、思考を起点にして、物質社会で遊ぶためのお金を手に入れる方法についてお伝えしなければなりません。**フェーズ2**から**フェーズ4**まで読んでくださった場合は、すでにビジネスとは何かについてはお話ししました。ビジネスの実践がうまくいくということは、すなわちお金が手に入るということを意味します。でもそれは、お金を手に入れる既存の方法を学んだにすぎません。ここでお伝えするのは、思考をベースにしてお金を手に入れる方法です。つまり、もっと自在にお金を手に入れるための考え方なのです。これは抽象的な思考を具現化させるための方法でもあります。

この社会の仕組みとして、ありとあらゆる物質、有形無形の価値は基本的にお金と交換することで手に入るようになっています。なぜそういう仕組みになっているのかを考えることに、あまり意味はありません。社会がこの仕組みになっているのは、人間がこの社会をそういう仕組みとして作ったからに他ならないからです。この社会がそういう仕組みである以上、その仕組みの上で私たちは生活していくしかありません。ゲームのルールと同じですよね。

そして、あなたに覚えておいてほしいのは、お金を手に入れるために必要なのは『思考』だということです。お金も物質だといえるので、すべての物事、価値を手に入れるためにはやっぱり思考が大切だということがわかります。例えば、お金を手に入れる仕組みであるビジネスについて考えてみてください。ノウハウや方法論も大切だけど、それらを作っているのは、そもそも思考です。人が考え、生み出したものだからです。ノウハウや方法論の本質を見抜けば、その前提にある思考に行き着きます。

思考について考えることはつまり、人について考え、掘り下げていくことにつながります。人の行動はすべて、どう考えるのか、どんな思考を持つのかに関わってくるのです。今までの経験上、『人を知るという思考』が一番お金を生んでいます。それは、思考が行動を生むからです。例えばビジネスにおいて、人の行動を生み出す思考についての理解が深まれば、マーケティングにおいて何をすれば良いのかが見えてきます。その結果、たくさんのお金を生みだすことができます。

この社会も人あっての社会です。社会は人が作り出したものです。ということは、その社会におけるビジネスでも、人間関係でも、恋愛でも、お金のこともライフスタイルのことも、すべて望むものを手に入れたいのであれば、まずはその望むものを手に入れるための思考を手に入れることです。

表面的なことばかり追いかけていると、追いかけても追いかけても新たな問題が発生したり、都度考えなくてはならなかったりします。もちろん、その都度それらについて考えるべきなのですが、考えるにしてもベースの思考は必要で、そのベースの思考がブレてしまっていると、いつまで経っても望む方向に進まないということです。ベースさえしっかりあり、それが方向として望む向きを指していれば、ベースの思考を元に取り組むケースごとに考えれば済みますし、下手にブレずに済みますよね。

ただ、そうはいっても、やっぱり思考という抽象的なものを具体的な現象に変える、つまり思考をベースにしてお金を手に入れるためには、行動も大切です。お金を得るための思考が備わったとしても、経済活動をしなければお金はついてきません。思考も行動も大切で、どちらも両立することも大切という三元的思考を常に意識してみてください。

言葉があなたを制限している

抽象的である思考を具体的な現象に変える、ここでは思考をベースにしてお金を手に入れることを指しますが、そのためには行動が大切だとお伝えしました。その行動のうち、今すぐ使い始められ、効果を発揮する行動は二つあります。そのひとつが、『言語を口にする』という行動、つまり言葉の力を使うことです。

あなたは普段、『どんな言葉を使っているか』を意識していますか？　言葉って、とても大切です。きっとどこかで聞いたことがある、よくいわれていることなんですが、言葉を変えると人生が変わります。なぜでしょう？

それは、脳の作りが、そういう風になっているからです。

例えば、「私にはこの仕事をやり通すことはできない」と言葉を発したとします。そうすると、脳は「この人はこの仕事をやり通すことができない。これが真実である。」と考えます。だから、もしあなたがその言葉を発した後、仮にその仕事をやり通す方法を発見しそうになっていたとしても、発見してしまうと「仕事をやり通すことができない」という真実が嘘になってしまいます。そこで脳は、それは発見してはならない、見逃すべきことだと判断を下すか、発見してしまってもその方法は間違っていなくてはならないと考えます。つまり、見なかったことにしたり、勘違いを起こさせてしてしまう。あなたは仕事をやり通す方法を発見したはずなのに、手に入れることができなくなります。

ピンときましたか？　脳は正直なんです。

あなたが言葉にしたことや頭の中で考えたことは、それが強ければ強いほど、信じていれば信じているほど、脳はそれをしっかり守ります。できないと思ったことは、脳的にはできてはならないことなんです。

では逆に、「私にはこの仕事をやり通す方法が見つかる」と思ったとしたら、どうでしょう？　見つかることが真実になるので、脳はその方法を探し始めます。意識を張り巡らせた状態を作り上げ、あらゆる可能性を探り始めるんです。あなたが強く「見つかる」、と信じれば信じるほど、高性能な脳がその方法を探して、あなたが探しているものを差し出すのです。

簡単にいうと、これが脳の仕組みのひとつです。この脳の仕組みをうまく使うポイントは、本気で思い込むことです。本気で思い込むために、言葉をうまく使いましょう。

言葉として発するためには、まずは頭の中にある考えを具体的な『言葉』というものに落とし込む必要があります。頭の中の漠然とした考えを具体化することで、認識度合いを高めることになります。そしてさらにあなたの口から発した言葉は、同時にあなたの耳にも届きます。言葉にして発することで、二度も認識することになり、思い込みの手助けになるのです。つまり、言葉は本気で思い込むのを手伝ってくれるツールなんです。

最初は、「そうはいうものの、本当はできないんじゃないかな?」と疑っていた気持ちも、繰り返し言葉に発し、繰り返し耳から聞くことで、思い込みを強めていけるのです。

言葉は脳をうまく使うためのツールです。でもこの言葉の特性をちゃんと知らなければ、逆効果になる可能性があります。実はあなたを制限するのも、言葉なんです。

例えば、先ほどの例。「私にはこの仕事をやり通す方法が見つかる」そう繰り返し言葉にし、心から思い込めるようになれば、その方法が見つかります。

方法が見つかる一方で、同時に制限も作っているのですが、気づきましたか？　実は、この言葉には、「あなた自身がその方法を見つける」という制限、つまり他の人ではなく、あなたが見つけるという前提付けが行われているんです。さらに、その仕事をやり通すのも、あなた自身だと限定しています。もし他の誰かが見つけてくれれば、あなたはその方法を見つける必要がない。他の誰かがやってくれれば、その仕事はあなたがやらなくても済む。それなのに、あなたが見つけ、あなたがやり通すという前提を与えてしまっているのです。

では、「この仕事はうまくいく」とだけ思っていたら、どうでしょうか？　あなたという制限は取っ払われています。誰かがやってくれるのかもしれないし、それがあなたなのかもしれない。誰がやってもうまくいく。もしかしたら、誰もその仕事に手を付けないかもしれない。でも、その仕事自体やらなくて大丈夫だとわかり、全体としてうまくいってしまうのかもしれません。

そんな風に、言葉は使い方によってとても便利な面もあるけど、不便な面もあるんです。だからこそ、うまく言葉を使って人生を変えていく方法も活用していいのですが、言葉を万能だと思ってしまうと、あなたの可能性に制限をかけてしまいます。

目標設定する際にも、ぜひ気をつけてください。目標は言葉で設定するので、この言葉の特性を知らなければ、目標以上の人生はやってこないことになってしまいます。例えば、「来年は年収を二倍にする！」という目標を立て、その目標を心から信じたとしたら。叶っても、『来年』『二倍』にしかならないのです。あなたの可能性を最大限に引き出せば、『今年中』に『五倍』になっていたとしても、です。

そんな風に言葉の特性を知らなければ、言葉で表現できるもの以上の人生はやってきてくれません。想像を超える人生はやってこないんです。それではちょっとつまらないと思いませんか…？

頭の中で使う言葉や発する言葉を変えれば、思い込みが強化されることによって、思考も変わってきます。そして思考が変われば行動が変わるから、人生が変わります。でも、最初から思考そのものを変えられれば、そのほうがずっと制限がないんです。

頭の中では、基本的には言語を使って思考が行われます。でも、実は言語だけではないんです。イメージとして浮かぶこと、ありませんか？　それは言語化できないことだったり、言語にした途端、イメージが制限されてしまったりすることだってあるんです。だから、無理に言葉に頼らないでください。あなたが今感じている違和感や、もやもやしたものは、すんなりと言葉にならないものではないですか？　それでいいんです。そのまま言葉にしなくて大丈夫です。

言葉にする必要がある時は、ちゃんとそのタイミングが教えてくれます。でも今は、違和感ももやもやした気持ちも、そのまま受け止めてください。そのほうがずっとずっと、あなたの可能性は制限されることがないのだから。

違和感を大切にして、気持ちの向かうほうに素直に動いてみてください。先の見えない不安もきっとあります。怖さもあります。でも、不安や怖さで死んだりしないので、大丈夫です。その不安も怖さも、いったん超えてしまえば、小さなものだったと気づきますし、自分が生み出した幻想だったと気づきます。

先に与えるより同時に受け取る

思考を具現化するための行動のひとつめとして、言葉の力を借りることについてお話しして来ました。二つめとして、言葉以外の行動についての考え方もお伝えしていきたいと思います。

欲しいものを得たいと思ったら、求めるよりも先に与える行動が必要だということはあなたも聞いたことがあると思います。これはある意味においては本当のことですが、ある意味では本当のことではありません。

先に与えると、後で自分に返ってくるから、与えておくと良いという意味なのですが、心から与えることに集中しないと返ってこない場合が多いです。例えば『聞いてあげる』という表現をすることがありませんか？　これは単に『聞く』のではなくて『聞いて』『あげる』という二つの要素を含んでいます。つまり、勝手に『あげる』という押し付ける行為、見返りを求める気持ちを含んでいるのです。

この『してあげる』のように、見返りを求める気持ちを相手に少しでも見せてしまうと、返ってこないばかりか、損してしまうことも多いんです。

「これをしてあげるから代わりにこうしてね」「わざわざしてあげているんだから、返してくれて当然だよね」こんな風に言われたら、やってほしいと思わなくなりませんか？　あなたはそうは言わないでやってあげているかもしれません。でもはっきりと言葉にしなくても、相手にその気持ちが伝わってしまったら、言っているのと似たようなものです。それなら一層気持ちよく、「これをしてあげるから代わりにこれをしてください」と伝える方が潔くて私は好きです。

与えることがちゃんと返ってくるようにするためには、三つ方法があります。ひとつめの方法は見返りを完全に忘れてしまうことです。常に忘れなくても構いません。誰かに与えているその瞬間だけは完全に忘れてしまってください。二つめの方法は、欲しい結果よりも圧倒的にすごいことを先に与えることです。求める見返りを少なくしてしまえば、相手も気持ちよく返してくれるだけでなく、「こんなにやってもらったんだから、これだけでは申し訳ない」という返報性の原理が働く可能性が上がります。

そして最後の方法は、与えると同時に受け取ってしまうことです。与えること自体を自分が欲しいものと同じことにしてしまうんです。どういうことかというと、与える喜びを享受して、与えること自体を目的にしてしまうということです。こう考えれば、与えたと同時にすでに受け取っているので、わざわざ時間差で相手から何かを返してもらう必要がなくなります。こう考えるためには、考え方を切り替えることです。与えても、相手が喜ぶことを期待しない。その結果については気にしない。相手を心から信頼し、良い結果がもたらされたとしても自分の功績にしないこと。与えたことを忘れ去ってしまうと一番シンプルです。与える行為自体を当たり前の日常のことにしてしまってください。そうすれば、常に与え続け、同時にもらい続けることができます。

常にもらい続けることができるようになると、心がいつも充足感を得ている状態になれます。もちろん人間ですから、時には落ち込んだり、嫌な気持ちになってしまったりすることもあります。でもそこから落ち込み過ぎたり、長い時間嫌な気持ちに浸ってしまったりすることは避けられるようになります。気持ちの切り替えを早く行うことができるようになります。

日常がこの与える視点でいっぱいになると、それがそのままビジネスの種になります。ビジネスとは、誰かに価値を提供し、問題を解決する『与える』行為に他ならないからです。

そしてこの与える視点でいると、人間関係の問題もどんどん減っていきます。誰かに何かしてほしいという求める気持ちよりも、何かしたいという与えたい気持ちが増えていきます。相手から奪う必要がなくなりますし、相手の可能性に期待はしても、相手が行う自分への行動には期待しなくてよくなります。

ビジネスと人間関係。少なくともこの二点が変われば、人生は明らかに違うものになります。お金に困らなくなり、時間も自分がしたいことをするための時間になる。関わる人との問題もどんどん解決していけるようになる。そうなると、自分自身も穏やかな気持ちでいられるようになり、もっとやりたいことや興味が湧くこと、ワクワクすることにまっすぐ向かえる前向きな気持ちを持てるようになれます。

究極の所有欲を持とう

私たちの目的は、欲しい現実と未来を手に入れて、この社会で楽しく幸せに生きることです。ということは、そもそもなのですが、自分が求める楽しさや幸せとはどういうことなのかを知る必要があります。それを知らなければ、思考から解放され、自分で思考を選べるとしても、どんな思考を持てばいいのかわかりませんよね。

あなたにとって、欲しい現実と未来がどんなものか？　それを考える際に注意してほしいことがあります。私たちが暮らすこの世界では、物質は限定されたものだということです。例えばあなたは世界にたったひとりです。誰かがあなたを欲しいと思ったとして、同じように思う人が別にいたとしても、その欲求を満たす人は、ひとりだけかもしれません。過去にあなたを独占していた人がいて、今はまた違った人が独占しているなど、時間軸をずらして考えれば、欲求を満たす人はたったひとりではありませんが、それでも有限の時間の中では、その欲求を満たす人数は限定されます。

そこで私は、特定の人物や出来事に固執してしまわないことを勧めています。物事も人も、すべては変化し続けているというお話をしましたが、変化し続けていることを知らなければ、特定の人物や出来事に固執してしまいがちです。

例えば、ビジネスパートナー。変化の方向が一緒で、一緒に変化することで良い相乗効果を生むのならば、一緒にビジネスをしていくことは素晴らしいことです。ですが、お互い変化の中で相乗効果が生まれないばかりか、今まで一緒にやってきたという理由だけで一緒にビジネスをし続け、進展を妨げてしまうなら、パートナーを解消すべきタイミングなのかもしれません。変わり続ける中で、その時々に応じて都度判断していかなければならないことなんです。

基本的に人は、変化を嫌う性質を持っています。変化することとは、未知の世界に進むことです。その変化は自分の身にだけ起こることではありません。あなたを取り巻く人や環境が変化すれば、それを不安に感じてしまいがちです。でも、考えてみてください。変化とは、成長でもあります。今のままで居続けることが変化しないことであるなら、変化しなければ成長もあり得ないのです。

あなた自身も常に変化していて、周りとの関係性もどんどん発展したり変化したりしていくことを認めると、何かに固執する必要はないとわかるはずです。

だからといって、一切固執してはダメだというわけではありません。所有欲求はあるはずだからです。でも、変わらないことを周りにも求めるのは、ちょっとエゴイスティックだと思いませんか?

誰もあなたの所有物ではないし、あなたも誰かの所有物ではないのだから。それをお互いにわかった上で、一緒にいるとか、一緒に何かをやっていくことを選択できるのだとしたら、そのほうが素敵な関係なのではないでしょうか。

中途半端な所有欲を持って苦しむのなら一層のこと、世界は自分のものだ!というくらいの強欲のほうがずっと建設的です。所有するというのは、世界と自分とを別のものとして切り離して認識することから生まれます。

でも視点を変えて考えてみてください。世界はあなたのものだとしたら、すでに所有している感覚になれたとしたら、固執する必要はどこにあるのでしょうか?　例えば、あなたの本棚にずらっと本が並んでいて、そこから必要な時に必要な本を取り出せる。日本中のデパートがあなたのものだとして、今日着る服を自由にいつでもどこからでも取り出せるとしたら。そう考えると、そもそも持っているものに固執する必要はありません。

この社会では、自分の欲しいものは世界という本棚、世界というクローゼットからお金と交換して取り出すことができるというルールが敷かれています。時には必要なのはお金だけではありません。広い世界の中で欲しいものを探したり、探しているものがどこに置かれているかを見つけたりするには、時間も必要です。欲しいもの、探しているものがなく、オーダーしなければならない場合も時間がかかります。とはいえ見方を変えれば、お金を払い、時間を使いさえすれば、いつでも自由に取り出せる本棚やクローゼットは、すでにあなたのものであるともいえます。

でも、現実に今、世界中にあるものが自分のものではないと感じるとしたら。その時は時間軸を変えて考えてみてください。未来に手に入る可能性があるものも、あなたのものだと感じられるとしたら。お金も距離も時間すらも超える所有欲。これこそが究極の所有欲なのです。その所有欲は、固執とは違います。なぜなら、すでに自分のものであり、いつでも取り出しさえすればそこにあるものに対して、固執したり執着したりする必要はないはずだからです。

人や物を固執する対象としてとらえず、あなたの欲しい感情や経験、事象をもたらしてくれる存在だと認識してみてください。人や物を具体的な物事として考えるのではなく、抽象度を上げてとらえ直します。そう考えたら誰か特定の個人や物質に固執する必要はないと感じることができるのではないでしょうか。何かを失う恐怖もなくなります。それどころか、誰かと今一緒にいられることや何かを得ることが奇跡だと感じられるはずです。

例えば、絶版している本を再度手に入れるのは難しいと思えます。これはその本を固有の物体として考えているからです。でも実際は、本という物体を手にしたいのではなく、そこに書かれた情報自体が欲しいのではないでしょうか？　物質に執着していると、本当に手に入れるべきものが見えなくなってしまったり、狭い範囲で考えたりしてしまいがちです。でも本という物体が欲しいのではなく、その中に書かれた情報を自分に取り入れたいという欲求の本質に気がつけば、手に入れられる可能性はぐっと増えることになります。もう絶版している本に固執する必要もなくなります。

時間軸を変える視点でも考えてみましょう。特定の誰かに会いたいのに会えない時、そばにいない時は悲しい気持ちになったり、寂しい気持ちになったり、失った気持ちになったりしてしまうかもしれません。そんな時は時間軸を変えて考えてみるのもひとつです。今、この時にフォーカスすれば、確かにその人は傍にいません。でも、ある一時点で考えるのではなく、時間軸というレールに視点を移して考えれば、『この人生』の上では一緒にいられるという時間を意識できます。私だったら、誰かに会えない悲しい思いを抱えて時間を闇雲に過ごすより、たとえ今、となりにいなくても、この人生で出会えた喜びを感じながら充実した時間を過ごしていたいと考えていたいです。そのほうが自分の人生を考えた時に建設的だし、幸せな気持ちの時間が増えますよね。私はそのほうが素敵だと思うのですが、どう思いますか？

こんな風に、視点を自在に切り替えることで、固有の物や事に固執する必要はないと知ることができます。時間軸を変えて考えたり、抽象的に考えたりするだけではなく、固執から自由になるための視点は他にもあります。長くなるのでここではご紹介できませんが、また別の機会があればぜひお伝えしたいと思います。

さて、欲深く生きようか

私がビジネスを始めた当初の目的は、単にお金が欲しかったからです。お金を稼ぐ方法、時間の自由を得る方法、行きたい時に行きたい場所に行ける生き方を探していた時に、たまたまビジネスの一端を知りました。それからずっと、私はビジネスに夢中のままで、今でもお金を稼ぐことが大好きです。でも、ある程度稼げるようになった頃から、お金に対する考え方が変わってきました。

実現したいことが自分の望む生活の実現だけなら、あっという間に叶って終わりだったかもしれません。私はもともと物欲が少ないほうで、物もたくさん持たないほうが好きです。だから欲しいものも数が知れています。ではなぜ、もっと稼ぎたいと思うのか？　お金はあればあるだけ困らないのですが、それよりも体験していないことを体験したいという欲が出てきたことも理由のひとつです。

また、ビジネスはどんどん広げていくことができます。ビジネスを進めていくということは、できなかったことができるようになる、実力がアップしていくことでもあります。自分の成長を肌身で感じられる。ゲームを楽しみながら、どんどんクリアしていく感覚自体がまた楽しい。そしてもっともっと成長したい、新しい世界、知らない世界にどんどん足を踏み入れていきたい。そんな欲が次々とやってきています。

自分の生活のためだけに稼ぎたかったお金。でも今は、その稼いだお金をどうやって一緒にビジネスをする仲間たちのためになるように使えるかということも考えています。一緒にいろんな非日常的な体験をしたり、ちょっと豪華な旅行に行ったり。そういったストレートに楽しむことはもちろん、私が成長したり学んだりするために自己投資することで、またそれを伝えていける。自分の成長がそのまま、周りの人たちの役に立ったり、成長や魅力アップにつながったりします。これまで縁あって出会った人たち、今一緒に過ごしている仲間はもちろん、これから出会うであろう人生を変えたい人たちのためにも、生きたお金の使い方について、いつも考えています。

もちろん、お金に関したことだけではありません。この本を通してお伝えしてきた通り、お金は単にこの社会におけるアイテムです。だからお金そのものより、自分のことを幸せに思えるように、周りの人のことも幸せにできるように、そのための思考ももっと伝えていきたいです。そして私もまた、もっともっと学び、実践して、魅力的になることで、少しでも多く周りの人たちの手助けをしたいと考えています。

一緒に成し遂げている仲間たちにもっと楽しんでもらえるように。もっと燃えるものを持ってもらえるように。一緒に楽しむ人たちがこれからもっと増えるように。今一緒にビジネスをしている仲間たちが、もっと誰かを楽しませたいとか、誰かの役に立ちたいと思った時にバックアップできるように。みんなでもっと魅力的になっていけるように。

そのために私は手にしたお金を活かしていく使い方についてたくさん考えています。またそのお金を得る方法についても常に考えているし、そもそも幸せに楽しく暮らすための思考や、人生を自在にする思考について、日々考えを深めています。

そして私は、みんなもっと欲深くなっていいのに、と感じています。過去の私もそうであったように、みんななかなか自分の欲に気づけなかったり、気づいていても現実的ではないとあきらめてしまっていたり。

でも、考えてみてください。せっかく生まれてきたんですよ。こんなチャンス、もう二度とないかもしれないのです。

せっかく生まれてきたのだから、人の持つ『欲』という感情を最大限発揮して、もっと楽しむための挑戦と、もっと幸せに生きるための挑戦をしてみたらいいと思いませんか?

私は、雲のような生き方が好きです。雲のような生き方が理想で、自分なりにその生き方を叶えています。でもまだ、もっともっとより深く、雲のような生き方を極めたいと考えています。これが私の持つ最大の欲です。自分の欲に素直になって、ストレートに語る。これも雲のような生き方のひとつの在り方なのかもしれません。

欲に素直になって、さらにその欲が周りの人たちを元気づけたり、やる気にさせたり、幸せを分けられるような欲だったとしたら。欲深いことは、素晴らしいことですよね。自分限定の欲にまみれてしまってもいいんです。きっとそれが叶ったら、周りの人にも目が向きます。そうしたら、その欲を周りの人のためにも活かしてください。それがあなたをより幸せにします。人はひとりでは生きていけないのだから、あなたの周りにいる人も幸せだったら、あなたはもっともっと幸せになれるんです。

欲にまみれて、この世の中で目いっぱい遊んでいきましょう！

Message for You

もっと楽しく生きていいし、
もっともっと好きに生きてもいい。

流れるままに生きていっても、
きっとうまくいく。

そんな風に生きていくためには、
ちょっとした「力」を手に入れる
だけでいい。

おわりに

本は、ひとつの出会いです。その本から得られることもまた、ひとつの出会いです。

さてあなたは、この本とはどんな出会いになりましたか？
この本から得たかったことは得られましたか？

この本を通して、あなたにひとつでも素敵な出会いを提供できていたら嬉しいです。ビジネスとの出会い、新しい考え方との出会い、一歩を踏み出す勇気との出会い。そして私は、あなたがもし私と「ビジネスの話や、ビジネスではない話も、いろんな話をたくさんしたい！」そんな風に思ってくれたなら。これほど嬉しいことはありません。もしそうだとしたら、これからもいっぱい、いろんな出会いの機会を作っていきたい。それがこの本を書きたかった私の目的のひとつでもあります。

もしこの本を読んで、「ビジネスがしてみたい！」「もっと知りたい！」と考えたとしたら。不変のノウハウはありませんが、最初の一歩を踏み出す時の助けになればと思い、今提供できるものをこちらにご用意しました。私からのプレゼント、よかったら受け取ってください。

こちらでは、ひとりで始められるビジネスのノウハウはもちろん、ビジネスに関する旬な情報や私たちとのつながりなどをお届けしていきます。

雲人の集い
http://kumonchu.jp/join

とはいえ、私がこの本を通してあなたに一番お伝えしたかったのは、ビジネスの方法でもノウハウでもありません。

私は近しい人から、究極のワガママ体質だと言われているのですが（この本のタイトル案にも「極限に開き直るとわがままもすべて許される」とか「わがままにやればうまくいく」とか、「究極のわがままは人生の問題を100%解決する」とか。わがまま三昧のタイトル候補が挙がっていたくらいです）、みんなもっとワガママでいいと思っているんですよね。ワガママでいいし、自分の欲にもっと素直でいい。そしてその欲求を叶えることをもっと一生懸命楽しめばいいのにって。

そのほうが、ずっと人生楽しくないですか？　せっかく生まれてきたのだから、しっかりこの世の中で遊ぶ！　これこそ私たちがすべきことなのではないでしょうか。

予想通りのレールに敷かれた人生をまっすぐ歩める時代は終わりました。これからは予想のできない未来しかありません。同じ予想のできない未来なのであれば、今の自分の予想なんて遥かに超えていってしまう、ワクワクする出来事が満載の未来に期待して、それすらももっともっと楽しめばいいのにって思うんです。これは私自身にもまだまだ足りないことだと感じています。そんなことを言うと、日々私のワガママに振り回されている周りの人たちにあきれられてしまいそうですが…。

そんな究極のワガママな私をいつも丸ごと受け入れてくれるビジネス仲間たち、クライアント、そしてスクールに参加してくれているみなさんに。これまで私にビジネスの面白さや考え方、楽しみ方を教えてくれたたくさんの先生方や先輩方に。家族、愛すべき雲楽団の一人ひとりに。中扉の素敵な写真のヘアメイクをしてくれたＣｈｉｃａさんに。そして、この本を世に出すきっかけを作ってくださった、ずっとあこがれの存在だった起業家・菅さんに。最高のありがとうを送ります。

そして何より、この本を手に取ってくださったあなたとの出会いにも感謝です！

［マーチャントブックス］vol.1
人生も ビジネスも
流されていればうまくいく

平成 28 年 11 月 25 日　初版発行
平成 28 年 12 月 8 日　第 2 刷発行

著　者　　石原佳史子
監修者　　菅　智晃
発行者　　上條章雄

厚有出版
〒105-0001 東京都港区虎ノ門2-8-1 虎の門電気ビル3階
TEL. 03-3507-7491　FAX. 03-3507-7490
http://www.koyu-shuppan.com/

装丁　関口恭子（タクティクス）
カバーデザイン　信川博希（インターマキシス）
扉へアメイク　Chica（C+）
DTP　信東社
印刷所　ディグ
製本所　中永製本所
編集担当　金田　弘

ISBN 978-4-906618-81-1

Printed in Japan